月　日

No. 01

1　過去の文

一般動詞の過去の文

1　(　　)内から適する語を選び，○で囲みなさい。　(5点

(1) Hikaru (stay, stays, stayed) with her uncle yesterday.

(2) Did you (went, goes, go) to the party?

—Yes, I (am, did, do).

(3) Ms. Ito (didn't, doesn't, isn't) eat anything last night.

2　日本文に合うように，(　　)に適する語を入れなさい。　(6点×6)

(1) 私は昨日，久美と学校で話をしました。

I (　　　　) (　　　　) Kumi at school yesterday.

(2) 拓也は2日前にトムに手紙を書きました。

Takuya (　　　　) a letter to Tom two days (　　　　).

(3) エミリーは昨夜，音楽を聞きませんでした。

Emily (　　　　) (　　　　) to music last night.

3　(　　)に適する語を入れて，会話文を完成しなさい。　(6点×4)

(1) *A*: Did your grandma《おばあちゃん，祖母》 go to the hospital yesterday?

B: No, (　　　　) (　　　　). She went to City Hall《市役所》.

(2) *A*: (　　　　) (　　　　) you meet Yuki last Saturday?

B: I met her at the station.

4　日本文に合うように，(　　)内の語を並べかえなさい。ただし，1語補うこと。　(10点×2)

(1) 昨夜，雪は降りませんでした。　(last, snow, it, night)

____

(2) あなたは今朝は何時に起きましたか。

What (get, you, this, up, time) morning?

What ________________________ morning?

得点UP

3 (1) yesterday, (2) last Saturday とあるので，いずれも**過去**の会話文にする。

4 (1) snow は動詞で「雪が降る」の意味もある。一般動詞の過去の否定文を作るので，不足する語は…。

月　　日

be動詞の過去の文・過去進行形

点
合格点：76 点／100 点

1 (　　)内から適する語句を選び，◯で囲みなさい。 (5点×3)

(1) We (was, were, is) junior high school students last year.

(2) How (did, is, was) the concert last night?

(3) I (reads, am reading, was reading) a newspaper at that time.

2 日本文に合うように，(　　)に適する語を入れなさい。 (7点×7)

(1) 私はそのとき眠かった。　I (　　　　) sleepy《眠い》 then.

(2) 昨日，私は暇ではなかったので，テレビは見ませんでした。

Yesterday I (　　　　) free, so I (　　　　) watch TV.

(3) あなたはいつの生まれですか。― 私は2009年生まれです。

When (　　　　) you born? —I (　　　　) born in 2009.

(4) 彼らは昨夜7時に勉強していませんでした。

They (　　　　) (　　　　) at seven last night.

3 日本文に合う英文になるように，(　　)内の語句を並べかえなさい。 (9点×4)

(1) アキは昨日，家にいました。　Aki (home, was, yesterday, at).

Aki ＿＿＿＿＿＿＿＿＿＿＿＿＿＿＿＿＿＿＿＿.

(2) 私たちはそのとき，ジム(Jim)に腹を立てていました。

We (that, with, angry, at, were, Jim) time.

We ＿＿＿＿＿＿＿＿＿＿＿＿＿＿＿＿＿＿＿＿ time.

(3) 彼女は昨年，美術部のメンバーでしたか。

(a member, the, club, was, art, of, she) last year?

＿＿＿＿＿＿＿＿＿＿＿＿＿＿＿＿＿＿＿＿ last year?

(4) 私たちは宿題はしていませんでした。

(doing, our, not, were, homework, we)

＿＿＿＿＿＿＿＿＿＿＿＿＿＿＿＿＿＿＿＿

得点UP

1 「時」を表す語句に注意する。last ～，at that time は過去を表す。

3 (2)「～に腹を立てている」は，be angry with ～ で表す。

be going to ～の文

月　　日

点

合格点：80 点／100 点

1 日本文に合うように，(　　)に適する語を入れなさい。　(5点×12)

(1) 私は明日，おじを訪ねるつもりです。

(　　　　　)(　　　　　) to visit my uncle tomorrow.

(2) 彼女は来週，ケンとテニスをするつもりですか。　―はい，そのつもりです。

(　　　　　) she going to (　　　　　) tennis with Ken next week?　―(　　　　　), she (　　　　　).

(3) 私たちは放課後，泳ぎには行かないつもりです。

We (　　　　　) going (　　　　　) go swimming after school.

(4) あなたは明日，アンと会うつもりですか。―いいえ。メアリーと会います。

(　　　　　) you (　　　　　) to meet Ann tomorrow?

―No, (　　　　　)(　　　　　). I'm going to meet Mary.

2 日本文に合う英文になるように，(　　)内の語句を並べかえなさい。　(8点×2)

(1) 私の母は，今週末は外出しないつもりです。

My mother (go, going, this weekend, out, isn't, to).

My mother ______________________________.

(2) あなたはいつ日本にもどってくる予定ですか。

(you, come, when, are, to, to, going, back) Japan?

______________________________ Japan?

3 〔　　〕内の語句を使って，日本文の意味を表す英文を書きなさい。　(12点×2)

(1) 私は新しいコンピューターを買うつもりはありません。

〔going, a new computer〕

____

(2) 彼はどのくらいの間そこに滞在する予定ですか。　〔going, stay〕

____

得点UP

2 (2)「～にもどってくる」は come back to ～。

3 (2)「どのくらいの間～」と期間をたずねる疑問文を作る。

will の文

月　日

点

合格点：78 点／100 点

1 (　　)内から適する語句を選び，◯で囲みなさい。 (6点×3)

(1) I (took, was taking, will take) him to the park tomorrow.

(2) Will Jenny (play, plays, playing) the flute《フルート》 this evening?

(3) Mr. Brown (isn't, didn't, won't) come to school tomorrow.

2 日本文に合うように，(　　)に適する語を入れなさい。 (6点×6)

(1) まもなく，私たちは家を出ます。　We (　　　　　) leave home soon.

(2) じゃあ，今夜あなたに電話しますね。

Then, (　　　　　) (　　　　　) you tonight.

(3) サムは，今日はクラブに参加しないでしょう。

Sam (　　　　　) (　　　　　) the club today.

(4) 明日は晴れるでしょうか。　(　　　　　) it be sunny tomorrow?

3 (　　)に適する語を入れて，会話文を完成しなさい。 (7点×4)

(1) *A*：Will your grandfather be seventy next year?

B：(　　　　　), he (　　　　　). He'll be sixty-eight.

(2) *A*：Will Yuki help me with my math homework?

B：Yes, (　　　　　) (　　　　　). She's good at math.

4 日本文に合う英文になるように，(　　)内の語を並べかえなさい。 (9点×2)

(1) 絵里は今日，家にいないでしょう。　Eri (home, today, will, stay, not).

Eri ______________________________.

(2) 彼らはいつかよいサッカー選手になるでしょう。

(players, will, they, good, be, soccer) someday.

______________________________ someday.

得点UP

1 未来のことは，be going to ～ のほかに **will** を使っても表せる。

2 (3)「今日は～しないでしょう」は未来のことなので，will の否定文にする。

may, have to ～ などの文

月　　日

点

合格点：77点／100点

1 (　　)に適する語を，下の[　　]内から選んで入れなさい。 (6点×3)

(1) I (　　　　　　) go to the hospital. (病院へ行かなければなりません。)

(2) (　　　　　　) I ask your name? (名前をうかがってもいいですか。)

(3) (　　　　　　) I make lunch for you? (あなたに昼食を作りましょうか。)

[may　shall　must]

2 日本文に合うように，(　　)に適する語を入れなさい。 (6点×10)

(1) ここで昼食を食べましょうか。 (　　　　　　) we have lunch here?

(2) サラは一生けんめい勉強しなければなりません。

Sarah (　　　　　　) (　　　　　　) hard.

(3) 彼は毎朝，犬を散歩させなければなりません。

He (　　　　　　) (　　　　　　) walk his dog every morning.

(4) あなたの教科書を借りてもいいですか。 —もちろん。はい，どうぞ。

(　　　　　　) (　　　　　　) borrow your textbook?

—(　　　　　　). Here you are.

(5) 私は英語でそのメールを書かなければなりませんか。

Do I (　　　　　　) (　　　　　　) write the e-mail in English?

3 日本文に合う英文になるように，(　　)内の語句を並べかえなさい。 (11点×2)

(1) 私たちはここでパスポートを見せる必要はありません。

(our passports, to, have, show, we, don't) here.

______________________________ here.

(2) 授業中は日本語を使ってはいけません。

You (Japanese, mustn't, class, in, use).

You ______________________________.

得点UP

1 may は許可，shall は申し出や勧誘，must は義務を表すときに使われる助動詞。

2 (3)「～しなければならない」を表すのは must だけではない。主語は3人称単数。

月　日
No. 06
4　不定詞 / 動名詞

不定詞 （名詞的用法）

点

合格点： 77 点 ／ 100 点

1 （　　）から適する語句を選び，○で囲みなさい。 （6点×3）

(1) Do you want (buying, to buy) a new camera?
（新しいカメラを買いたいですか。）

(2) He doesn't like (cook, to cook).（彼は料理をするのが好きではありません。）

(3) We need (see, to see) Ms. Smith.
（私たちはスミス先生に会う必要があります。）

2 日本文に合うように，（　　）に適する語を入れなさい。 （6点×10）

(1) エマはピアノを練習し始めました。
Emma started (　　　　) (　　　　) the piano.

(2) 彼はボランティア活動をしようと決めました。
He decided (　　　　) (　　　　) volunteer work.

(3) 私はジョンと英語で話そうとしました。
I (　　　　) (　　　　) talk with John in English.

(4) ケンは友だちとテレビゲームをするのが好きです。
Ken (　　　　) to (　　　　) video games《テレビゲーム》 with his friends.

(5) 私の夢は外国に住むことです。
My dream (　　　　) (　　　　) live in a foreign《外国の》 country.

3 日本文に合う英文になるように，（　　）内の語句を並べかえなさい。 （11点×2）

(1) 健太は将来，看護師になりたいと思っています。
Kenta (to, a nurse, the future, wants, in, be).
Kenta ______________________________.

(2) 彼女は病気の人々を助けようとしました。
(to, tried, she, help, people, sick)
____

得点UP

2 (3)「話そうとした」は「話すことを試みた」と考える。
(5)名詞的用法の不定詞は，**文の補語**として使われることもある。

不定詞（副詞的用法）

点
合格点：76 点 ／ 100 点

1 （　　）内から適する語句を選び，◯で囲みなさい。 (5点×3)

(1) I bought a glove《グローブ》 (for, to, at) play catch《キャッチボールをする》.

(2) Emily goes to the park to (practices, practicing, practice) soccer.

(3) He came (to help, helps, to helps) me.

2 日本文に合うように，（　　）に適する語を入れなさい。 (7点×7)

(1) 私は宿題をするために，インターネットを使いました。

I used the internet《インターネット》 (　　　　) (　　　　) my homework.

(2) リサはその知らせを聞いて悲しみました。

Lisa was sad (　　　　) (　　　　) the news.

(3) なぜそんなにたくさん写真を撮ったのですか。　―母に見せるためです。

(　　　　) did you take so many pictures?

―(　　　　) (　　　　) them to my mother.

3 日本文に合うように，（　　）内の語句を並べかえなさい。ただし，1語補うこと。 (11点×2)

(1) あなたは昨日，テレビを見るために早く帰宅したのですか。

(you, home, to, early, did, go) TV yesterday?

＿＿＿＿＿＿＿＿＿＿＿＿＿＿＿＿＿＿＿＿ TV yesterday?

(2) 私の姉は医者になるために，熱心に勉強しました。

My (a doctor, sister, hard, studied, become).

My ＿＿＿＿＿＿＿＿＿＿＿＿＿＿＿＿＿＿＿＿＿＿＿.

4 〔　　〕内の語句を使って，日本文の意味を表す英文を書きなさい。 (14点)

私は本を何冊か買うために，書店に行きました。　〔the bookstore, buy〕

＿＿＿＿＿＿＿＿＿＿＿＿＿＿＿＿＿＿＿＿＿＿＿＿＿＿＿＿

得点UP

❶ 不定詞は〈**to ＋動詞の原形**〉の形で表す。

❸ 〈to ＋動詞の原形〉が前の**動詞を修飾**する形の文を作る。

月　日

不定詞（形容詞的用法）

点
合格点：80点／100点

1 日本文に合うように，(　　)に適する語を入れなさい。 (6点×10)

(1) 起きる時間ですよ，ベン。
It's (　　　　) (　　　　) get up, Ben.

(2) これは水を節約するための機械です。
This is a machine《機械》 (　　　　) (　　　　) water.

(3) 私たちの町には見るべき場所がたくさんあります。
Our town has a lot of places (　　　　) (　　　　).

(4) 彼には昨日，するべきことが何もありませんでした。
He had (　　　　) to (　　　　) yesterday.

(5) ルーシーにはそのコートを買うお金がありませんでした。
Lucy didn't have the (　　　　) (　　　　) buy the coat.

2 日本文に合う英文になるように，(　　)内の語を並べかえなさい。 (8点×2)

(1) 私はひまな時間に読むための本が何冊かほしい。
(some, read, want, to, books, I) in my free time.
＿＿＿＿＿＿＿＿＿＿＿＿＿＿ in my free time.

(2) あなたは何か買うべきよいものを見つけましたか。
Did (anything, you, find, to, buy, nice)?
Did ＿＿＿＿＿＿＿＿＿＿＿＿＿＿?

3 〔　　〕内の語句を使って，日本文の意味を表す英文を書きなさい。 (12点×2)

(1) 私には読書をする時間がありません。〔time, read books〕
＿＿＿＿＿＿＿＿＿＿＿＿＿＿

(2) 彼らには何か冷たい飲み物が必要です。〔need, something〕
＿＿＿＿＿＿＿＿＿＿＿＿＿＿

得点UP
1 (4)動詞(had)が肯定の形なので，1語で「何も～ない」の意味になる代名詞を入れる。
3 形容詞的用法の不定詞は，**前の名詞や代名詞を説明**する。

いろいろな不定詞

月　日

点

合格点：74 点 ／ 100 点

1 (　　)内から適する語句を選び，◯で囲みなさい。 (4点×4)

(1) Do you know how (use, to use, using) this machine?

(2) I don't know what (do, to do, doing).

(3) I can't decide which (book to buy, to buy a book, book for buying).

(4) (It, Which, What) is important to learn about foreign cultures.

2 日本文に合うように，(　　)に適する語を入れなさい。 (5点×6)

(1) 私はカレーの作り方を知っています。

I know (　　　　) (　　　　) make curry.

(2) 私はジェーンに何を言ったらよいかわかりませんでした。

I didn't know (　　　　) (　　　　) say to Jane.

(3) この問題を解くことは簡単ではありません。

(　　　　) isn't easy (　　　　) solve《解く》 this problem.

3 (　　)に適する語を入れて，会話文を完成しなさい。 (8点×4)

(1) *A*：I don't know (　　　　) (　　　　) go to buy the tickets.

B：You can buy them at the ticket booth《チケット売り場》 over there.

(2) *A*：Do you know (　　　　) (　　　　) get to the post office?

B：Yes. Go down this street and turn left at the second corner.

4 〔　　〕内の語句を使って，日本文の意味を表す英文を書きなさい。 (11点×2)

(1) この本を読むのは難しかったですか。 〔it, to read〕

____

(2) どのバスに乗ればよいかわかりますか。 〔which bus, take〕

____

得点UP

3 (1)「どこに行けばよいか」。 (2)「郵便局への行き方」。

4 (1) It is … to ～. の形を使って，疑問文で表す。「難しかったですか」と過去の文であることに注意。

月　　日

動名詞

点

合格点：77 点 ／ 100 点

1 〔　　〕内の動詞を適する形にかえなさい。ただし，2語の場合もあります。(6点×3)

(1) I finished (　　　　　　) the book.　〔read〕

(2) He hopes (　　　　　　) a gold medal《金メダル》.　〔get〕

(3) I'm good at (　　　　　　).　〔sing〕

2 日本文に合うように，(　　)に適する語を入れなさい。(6点×8)

(1) 彼らは突然走り始めました。

They (　　　　　) (　　　　　) suddenly《突然，急に》.

(2) 私は明日までに宿題をし終えなければなりませんか。

Must I (　　　　　) (　　　　　) my homework by《〜までに》 tomorrow?

(3) あなたはジムといっしょに勉強することを楽しみにしていますか。

Are you looking (　　　　　) to (　　　　　) with Jim?

(4) 料理をすることはとても楽しい。

(　　　　　) (　　　　　) a lot of fun《楽しみ》.

3 日本文に合う英文になるように，(　　)内の語句を並べかえなさい。(10点×2)

(1) アンと私は昨夜，電話で話をして楽しみました。

Ann and I (the phone, night, talking, enjoyed, on, last).

Ann and I ______________________________.

(2) メールを送ることはケンには簡単です。

(is, easy, for, sending, e-mails) Ken.

______________________________ Ken.

4 〔　　〕内の語を使って，日本文の意味を表す英文を書きなさい。(14点)

マイク(Mike)は花の世話をすることが好きです。　〔likes, taking, flowers〕

____

得点UP

3 (2)主語は「メールを送ること」。**動名詞を文の主語**にする。

4 「〜の世話をする」は take care of 〜。

5　いろいろな文型

become, look, callなどの文

月　日

点

合格点：77 点／100 点

1 (　　)内から適する語を選び，○で囲みなさい。 (6点×3)

(1) Takuya (gets, looks, becomes) sleepy.　(拓也は眠そうに見えます。)

(2) Lisa (got, looked, became) a teacher.　(リサは先生になりました。)

(3) We (call, make, name) her Beth.　(私たちは彼女をベスと呼びます。)

2 日本文に合うように，(　　)に適する語を入れなさい。 (6点×10)

(1) あの女の子は，お人形さんのように見えます。

That girl (　　　　) (　　　　) a doll.

(2) この番組は，子どもたちの間で人気になるでしょう。

This program《番組》 will (　　　　) (　　　　) among children.

(3) この木を日本語で何と呼びますか。

(　　　　) do you (　　　　) this tree in Japanese?

(4) ハイキングに行きませんか。　―それはよさそうですね。

Why don't we go hiking?　―That (　　　　) nice.

(5) 私の友だちは私のことをアッコと呼びます。

My friends (　　　　) (　　　　) Akko.

(6) 外はだんだん暑くなってきています。　It's (　　　　) hot outside.

3 日本文に合う英文になるように，(　　)内の語を並べかえなさい。 (11点×2)

(1) 何があなたをそんなに喜ばせたのですか。

(you, so, what, happy, made)

____

(2) マイクの父親は少し疲れているように見えました。

Mike's (looked, father, tired, little, a).

Mike's ________________________________.

得点UP

2 (4)「それはよさそうですね」は「それはよさそうに聞こえる」ということ。

3 (1)「AをBにさせる」は make *A B* の語順で表す。

tell, showなどの文

月　日

点

合格点：77 点／100 点

1　(　　)内から適する語を選び，○で囲みなさい。　(4点×3)

(1) I'll (make, show, give) you this book.（あなたにこの本をあげましょう。）

(2) Please (watch, show, see) me your ticket.（チケットを見せてください。）

(3) She teaches (we, our, us) Chinese.（彼女は私たちに中国語を教えます。）

2　日本文に合うように，(　　)に適する語を入れなさい。　(6点×9)

(1) 私は昨日，彼らに昼食を作ってあげました。

I (　　　　　) (　　　　　) (　　　　　) yesterday.

(2) 私は1週間前，彼に辞書を買ってあげました。

I (　　　　　) (　　　　　) a dictionary a week ago.

(3) あなたの住所を教えてください。

Please (　　　　　) (　　　　　) your address《住所》.

(4) 今夜，彼女にメールを送ります。

I'll (　　　　　) (　　　　　) an e-mail tonight.

3　日本文に合う英文になるように，(　　)内の語を並べかえなさい。　(11点×2)

(1) 質問してもいいですか。　May (a, you, I, ask, question)?

May ＿＿＿＿＿＿＿＿＿＿＿＿＿＿＿＿＿＿＿＿＿＿＿＿?

(2) あなたの犬の写真を何枚か見せてくれますか。

(pictures, show, can, some, you, me) of your dog?

＿＿＿＿＿＿＿＿＿＿＿＿＿＿＿＿＿＿＿＿＿＿ of your dog?

4　〔　　〕内の語句を使って，日本文の意味を表す英文を書きなさい。　(12点)

ジェーン(Jane)が昨日，私にこの雑誌をくれました。

〔this magazine, to me〕

＿＿＿＿＿＿＿＿＿＿＿＿＿＿＿＿＿＿＿＿＿＿＿＿＿＿＿＿

得点UP

2 (1) 2つの目的語は〈人＋物〉の順に並べる。

4 〈give ＋人＋物〉の文は，〈give ＋物＋ to ＋人〉でも表すことができる。

There is ～. の文

月　　日

点

合格点：76 点／100 点

1　(　　)内から適する語を選び，○で囲みなさい。　(4点×3)

(1)　(There, They, That's) is a cat on the chair.

(2)　There (is, am, are) some pencils in the box.

(3)　There (isn't, wasn't, weren't) a dog here one hour ago.

2　日本文に合うように，(　　)に適する語を入れなさい。　(7点×6)

(1)　湖の近くに動物園があります。

(　　　　　)(　　　　　) a zoo near the lake.

(2)　そのクラスには男の子は1人もいません。

(　　　　　)(　　　　　) any boys in the class.

(3)　スタジアムには大勢の人がいました。

(　　　　　)(　　　　　) a lot of people in the stadium.

3　(　　)に適する語を入れて，会話文を完成しなさい。　(6点×4)

(1)　*A*：Is there a post office near here?

B：Yes, (　　　　　)(　　　　　). It's across《～の向こう側に》 the street.

(2)　*A*：How (　　　　　) kinds of flowers are (　　　　　) in the park?

B：There are about fifty.

4　日本文に合う英文になるように，(　　)内の語句を並べかえなさい。　(11点×2)

(1)　駅前でコンサートがありましたか。

(the station, a concert, there, in front of, was)

＿＿＿＿＿＿＿＿＿＿＿＿＿＿＿＿＿＿＿＿＿＿＿＿

(2)　びんの中に牛乳は入っていません。(milk, is, the, bottle, there, no, in)

＿＿＿＿＿＿＿＿＿＿＿＿＿＿＿＿＿＿＿＿＿＿＿＿

得点UP

1　「…に～がいる[ある]」というときは，There is[are] ～. で表す。

4　(2)否定文は，be 動詞のあとに not を置くが，ここでは not がないことに注意。

6　比較の文

比較級の文

月　　日

点

合格点：78 点／100 点

1 日本文に合うように，(　　)に適する語を入れなさい。　(6点×8)

(1) 健はジムよりも背が高い。
Ken is (　　　　　) (　　　　　) Jim.

(2) あなたは由紀よりも速く走れますか。
Can you (　　　　　) (　　　　　) than Yuki?

(3) この問題はあの問題よりも難しい。
This question is (　　　　　) (　　　　　) than that one.

(4) ナイル川とミシシッピ川ではどちらが長いですか。　—ナイル川です。
(　　　　　) is longer, the Nile《ナイル川》 (　　　　　) the Mississippi《ミシシッピ川》?
—The Nile is.

2 日本文に合う英文になるように，(　　)内の語句を並べかえなさい。　(8点×2)

(1) トムはリサよりも忙しい。
(Lisa, Tom, than, busier, is)

____

(2) 私は昨日，父よりもずっと早く起きました。
(got up, I, my father, earlier, much, than) yesterday.

______________________________ yesterday.

3 〔　　〕内の語句を使って，日本文の意味を表す英文を書きなさい。　(12点×3)

(1) 彼の手は私の手よりも大きい。　〔his hands, mine〕

____

(2) 私のクラスでは，野球はテニスよりも人気です。　〔popular, my class〕

____

(3) イギリスは日本よりも小さい。　〔the U.K., Japan〕

____

得点UP

1 2つを比べて，「…より～」というときは**比較級**を使って表す。

3 (2)比較的つづりの長い語は，原級（もとの形）の前に more をつけて比較級にする。

最上級の文

月　　日

点

合格点：78 点／100 点

1　(　　)内から適する語句を選び，◯で囲みなさい。 (4点×3)

(1) This pencil is the (short, shorter, shortest) in my pencil case.

(2) Who is (old, the oldest, older), Meg or Emily?

(3) Cathy studies the hardest (in, of, with) the five.

2　日本文に合うように，(　　)に適する語を入れなさい。 (7点×8)

(1) 健二はクラスの中でいちばん背が高い。

Kenji is the (　　　　) (　　　　) his class.

(2) いちばん近い地下鉄の駅を教えてください。

Please tell me (　　　　) (　　　　) subway station.

(3) 全員の中でだれがいちばん注意深く運転しましたか。

Who drove the (　　　　) carefully (　　　　) all?

drive(運転する)の過去形

(4) 世界でいちばん暑い国はどこですか。

Which is (　　　　) (　　　　) country in the world?

3　日本文に合うように，(　　)内の語句を並べかえなさい。ただし，1語補うこと。 (10点×2)

(1) あのビルは3つの中で最も高いですか。

(the three, highest, that building, is, the)

____

(2) この腕時計はこの店の中で最も高価です。

(this store, is, expensive, this watch, in, the)

____

4　〔　　〕内の語を使って，日本文の意味を表す英文を書きなさい。 (12点)

5冊の中でこの本がいちばんおもしろかったです。 〔interesting, of〕

____

得点UP

1 (3)最上級の文で「～の中で」というとき，**複数**を表す語なら **of**，**場所や範囲**を表す語なら **in** を使う。

2 (3)最上級は原級の語尾に est をつけるが，est がつかない形もある。

as ～ as … の文など

点

合格点：80点／100点

1 日本文に合うように，(　　)に適する語を入れなさい。 (5点×11)

(1) 久美の新しいジャケットはあれと同じくらいすてきです。
Kumi's new jacket is (　　　　) nice (　　　　) that one.

(2) サリーはジョシュと同じくらいの身長ですか。
Is Sally (　　　　) (　　　　) (　　　　) Josh?

(3) 絵里は真紀と同じくらいじょうずに英語が話せます。
Eri can speak English (　　　　) (　　　　) as Maki.

(4) あなたはどの季節がいちばん好きですか。　—春です。
(　　　　) season do you (　　　　) the (　　　　)?
—I like spring the (　　　　).

2 〔　〕内の語を適する形にかえて，(　　)に入れなさい。 (4点×3)

(1) I feel (　　　　) than yesterday. 〔well〕

(2) Jun ate (　　　　) oranges than Bill. 〔many〕

(3) Do you know the (　　　　) way to study English? 〔good〕

3 日本文に合う英文になるように，(　　)内の語句を並べかえなさい。 (11点×3)

(1) ビルにとって，時間はお金と同じくらい大切です。
For Bill, (important, is, time, money, as, as).
For Bill, ________________________________.

(2) 私はロックよりもポップスのほうが好きです。
(rock music《ロック(音楽)》, pop music《ポップス(ポピュラー音楽)》, like, I, than, better)
____

(3) 私はジムほど熱心に勉強しませんでした。
(as, as, Jim, I, study, hard, didn't)
____

得点UP
❶ (1)「…と同じくらい～」というときは，as ～ as … の形を使う。
❷ いずれも不規則に比較変化する語。

接続詞 (that・if・when など)

点
合格点：77 点／100 点

1 (　)内から適する語を選び，○で囲みなさい。 (6点×4)

(1) It began to rain (if, when) I got to the station.

(2) Please call me (if, because) you want to join our club.

(3) Wash your hands (before, but) you eat dinner.

(4) Jun told me (this, that) he was sick.

2 日本文に合うように，(　)に適する語を入れなさい。 (6点×9)

(1) 伊藤さんは若いころ，銀行に勤めていました。

(　　　) Ms. Ito (　　　) young, she worked at a bank.

(2) 私は彼女は学生ではないと思います。

I (　　　) (　　　) (　　　) a student.

(3) もし明日雪が降れば，私たちはスキーをしに行きます。

(　　　) it (　　　) tomorrow, we'll go skiing.

(4) 私は今朝，寝坊したので，電車に間に合いませんでした。

I missed the train this morning (　　　) I overslept.

miss(〜に乗りそこなう)の過去形　oversleep(寝すごす)の過去形

(5) あなたはそのときスミスさんが忙しいのを知っていましたか。

Did you know Mr. Smith (　　　) busy then?

3 日本文に合う英文になるように，(　)内の語句を並べかえなさい。 (11点×2)

(1) その話が真実であると，彼は私に示してくれました。

He (me, the story, that, true, showed, was).

He ______________________________.

(2) マイクが電話をかけてきたとき，私はシャワーを浴びていました。

I (a shower, called, Mike, was, when, me, taking).

I ______________________________.

得点UP

❶ 前後の文の関係を考えて，適切な接続詞を選ぶ。

❷ (2)「〜ではないと思います」は「〜だとは思いません」と表す。**接続詞 that は省略**されている。

月　　日

受け身の文

点

合格点：77 点／100 点

1　(　　)内から適する語句を選び，◯で囲みなさい。　(4点×3)

(1)　This song is (knew, known, knowing) all over the world.

(2)　English (speaks, is speaking, is spoken) in this country.

(3)　The book must (return, returned, be returned) by July 5.

2　日本文に合うように，(　　)に適する語を入れなさい。　(6点×6)

(1)　これらのおもちゃは中国で作られています。

These toys (　　　　) (　　　　) in China.

(2)　この自転車は毎朝，彼が使っています。

This bike is (　　　　) (　　　　) him every morning.

(3)　その手紙は英語で書かれていました。

The letter (　　　　) (　　　　) in English.

3　(　　)に適する語を入れて，会話文を完成しなさい。　(7点×4)

(1)　*A*：Who cleans this park?

B：This park (　　　　) (　　　　) by volunteers on Sundays.

(2)　*A*：What can we see from that hill?

B：Beautiful stars can (　　　　) (　　　　) at night.

4　日本文に合う英文になるように，(　　)内の語句を並べかえなさい。　(12点×2)

(1)　この机は木でできています。 (of, made, this desk, is, wood)

____

(2)　その事故で亡くなった人もいます。

Some (killed, people, in, were, the accident《事故》).

Some ______________________________.

得点UP

2　(3)過去の受け身の文。過去のときは，be 動詞を過去形にする。

3　(2)助動詞のある受け身の文。be 動詞の原形と過去分詞が入る。

受け身の否定文・疑問文

月　日

点

合格点：74 点／100 点

1　(　　)内から適する語を選び，○で囲みなさい。　(4点×3)

(1) This picture wasn't (took, taken, taking) by my father.

(2) Is English (spoke, spoken, speaking) in the Philippines?

(3) These letters (wasn't, weren't, didn't) written 100 years ago.

2　日本文に合うように，(　　)に適する語を入れなさい。　(5点×8)

(1) このコンピューターは昨日使われましたか。

(　　　　) this computer (　　　　) yesterday?

(2) 昨年は，この大学ではスペイン語は教えられていませんでした。

Spanish (　　　　) (　　　　) at this college last year.

(3) あなたの国では何語が話されていますか。

(　　　　) languages (　　　　) spoken in your country?

(4) このジャムはイチゴから作られているのではありません。

This jam (　　　　) (　　　　) from strawberries.

3　(　　)に適する語を入れて，会話文を完成しなさい。　(7点×4)

(1) *A*：Was this apple pie made by your sister?

B：Yes, (　　　　) (　　　　). She often makes sweets.

(2) *A*：Were your parents invited to the party last night?

B：No, (　　　　) (　　　　). They were busy yesterday.

4　〔　　〕内の語句を使って，日本文の意味を表す英文を書きなさい。　(10点×2)

(1) この公園は毎日そうじされるわけではありません。〔this park, cleaned〕

＿＿＿＿＿＿＿＿＿＿＿＿＿＿＿＿＿＿＿＿＿＿＿＿

(2) あなたの家はいつ建てられましたか。〔your house, built〕

＿＿＿＿＿＿＿＿＿＿＿＿＿＿＿＿＿＿＿＿＿＿＿＿

得点UP

2 (1)(2)過去の受け身の疑問文と否定文。過去のときは，be 動詞を過去形にする。

4 (2)「いつ」を表す疑問詞を文の先頭に置き，あとは受け身の疑問文。過去の文であることに注意。

月　日

いろいろな会話表現

点
合格点：80 点／100 点

1　(　　)内からBの応答として適するものを選び，◯で囲みなさい。　(5点×3)

(1) *A*：Please show me your passport.
B：(Here you are. / That's right. / You're welcome.)

(2) *A*：I was sick in bed last Sunday.
B：(Yes, please. / Here we are. / That's too bad.)

(3) *A*：Why don't we play some video games?
B：(Sounds good. / To play games. / To go, please.)

2　(　　)に適する語を入れて，日本文に合う会話文を完成しなさい。　(5点×17)

(1) *A*：Could you (　　　　) me the (　　　　) to the police station?　(警察署への道順を教えていただけますか。)
B：Sure. (　　　　) down this street and (　　　　) right at the (　　　　) corner.　(いいですよ。この道を行き，2番目の角を右に曲がります。)
You'll see it (　　　　) your left.　(左手に見えます。)
A：Thank you.　(ありがとうございます。)

(2) *A*：(　　　　) (　　　　), Kate?　(どうしたのですか，ケイト。)
You look tired.　(疲れて見えますね。)
B：I think I (　　　　) a fever《(病気の)熱》.　(熱があると思います。)

(3) *A*：Hello.　This is Tom.　(もしもし。トムです。)
May I (　　　　) to Miki, please?　(美紀をお願いします。)
B：Hi, Tom.　(　　　　) a moment.　(やあ，トム。少し待ってね。)

(4) *A*：May I (　　　　) you?　(何かおさがしですか。)
B：Yes, please.　I'm (　　　　) (　　　　) a skirt.
(はい，お願いします。スカートをさがしているのですが。)
A：(　　　　) (　　　　) this one?　(こちらはどうですか。)
B：Nice!　I'll (　　　　) it.　(すてき！　それにします。)

得点UP
1　(3)「(いっしょに)テレビゲームをしませんか」という提案に賛成する表現を選ぶ。
2　(1)道案内の場面。道順を説明するときには，命令文をよく使う。

月　日

総復習テスト（英語）

点

目標時間：20分　合格点：80点／100点

1　(　　)内から適する語句を選び，◯で囲みなさい。　(2点×5)

(1) My cat is (heavy, heavier, the heaviest) than hers.

(2) Riku (uses, was used, was using) the computer at that time.

(3) She's (visited, going to visit, visits) Sydney this summer.

(4) Do you want (coming, to come, came) to the party?

(5) (Is, Are, Was) there any birds in the cage《鳥かご》?

2　〔　　〕内の語を適する形にかえて，(　　)に入れなさい。　(2点×5)

(1) Mr. Green (　　　　) busy yesterday.　〔be〕

(2) They were (　　　　) on the phone then.　〔talk〕

(3) We enjoyed (　　　　) in the sea last Sunday.　〔swim〕

(4) This picture was (　　　　) by Ken.　〔take〕

(5) She is the (　　　　) singer in our class.　〔good〕

3　(　　)に適する語を入れて，日本文に合う会話文を完成しなさい。　(2点×13)

(1) *A*: (　　　　) did you visit him?（なぜあなたは彼を訪ねたのですか。）

B: (　　　　) (　　　　) him Japanese.

（彼に日本語を教えるためです。）

(2) *A*: Will Bob (　　　　) (　　　　) an e-mail tonight?

（ボブは今夜，私にメールを送ってくれるでしょうか。）

B: Yes, he (　　　　).　（はい，送るでしょう。）

I think (　　　　) he'll keep his word《約束を守る》.

（彼は約束を守ると思います。）

(3) *A*: (　　　　) we make a snowman《雪だるま》 (　　　　)

(　　　　) snowy tomorrow?

（明日，雪が降ったら雪だるまを作りませんか。）

B: (　　　　) good.　（それはよさそうですね。）

(4) *A*: (　　　　) I read this book?　（私はこの本を読むべきですか。）

B: No, you don't (　　　　) to.　（いいえ，必要ないですよ。）

裏面へ

4 日本文に合うように，(　　)に適する語を入れなさい。 (3点×7)

(1) もう帰宅してもいいですよ。 You (　　　　) go home now.

(2) 彼は運転のしかたがわかりません。

He doesn't know (　　　　) (　　　　) drive a car.

(3) 今朝，真紀に会ったとき，彼女はうれしそうに見えました。

Maki (　　　　) happy (　　　　) I met her this morning.

(4) 昨日，私は疲れていたので，1日中寝ていました。

I stayed in bed all day yesterday (　　　　) I (　　　　) tired.

5 日本文に合うように，(　　)内の語句を並べかえなさい。ただし，1語補うこと。 (5点×3)

(1) 私はその絵を見に美術館へ行くつもりです。

I'm (to, to, go to, see, the museum) the picture.

I'm ＿＿＿＿＿＿＿＿＿＿＿＿＿＿＿＿ the picture.

(2) 英語を勉強するためのいちばんよい方法を教えてください。

Please (the, English, me, study, way, tell, to).

Please ＿＿＿＿＿＿＿＿＿＿＿＿＿＿＿＿.

(3) このウェブサイトはたくさんの人に見られるでしょう。

(website, this, seen, by, will) a lot of people.

＿＿＿＿＿＿＿＿＿＿＿＿＿＿＿＿ a lot of people.

6 次のようなとき，英語ではどう言いますか。〔　　〕内の語句を使って英文を作りなさい。 (6点×3)

(1) 買い物に行きませんかと誘うとき。 〔why, we, shopping〕

＿＿＿＿＿＿＿＿＿＿＿＿＿＿＿＿＿＿＿＿

(2) 相手に今週末にすることをたずねるとき。 〔going, this weekend〕

＿＿＿＿＿＿＿＿＿＿＿＿＿＿＿＿＿＿＿＿

(3) 他校の友だちに，学校の生徒数をたずねるとき。 〔there, in your school〕

＿＿＿＿＿＿＿＿＿＿＿＿＿＿＿＿＿＿＿＿

式の加減

月　日

点

合格点：78 点／100 点

1 次の多項式《たこうしき》の項《こう》を答えなさい。また，それぞれ何次式か，答えなさい。 (3点×8)

(1) $8a-5b$

(2) x^2+4x-9

(3) $xy-x^2y^2-xyz$

(4) $\frac{1}{4}ab-\frac{1}{2}a^2+\frac{b^3}{3}$

2 次の式の同類項《どうるいこう》をまとめなさい。 (6点×4)

(1) $6x+3y-x-4y$

(2) $2a-3a^2-6a^2+5a$

(3) $x^2-5x+2+8x-9-4x^2$

(4) $b-2ab+\frac{3}{2}ab-\frac{1}{3}b$

3 次の計算をしなさい。 (7点×4)

(1) $(5a+b)+(a-2b)$

(2) $(3x+2y-7)+(2x-9y+3)$

(3) $(8x-5y)-(2x-7y)$

(4) $(m^2-6m-3)-(1-3m-2m^2)$

4 次の2つの式の和を求めなさい。また，左の式から右の式をひいた差を求めなさい。 (6点×4)

(1) $-2a+b$，$a-3b$

(2) $4x-3xy$，$3xy-5x$

得点UP

2 (2) a^2 と a は次数が異なるので，同類項ではない。

3 (3) −(　)のときは，**かっこの中の各項の符号を変えて**かっこをはずす。

数と多項式の乗除

月　　日

点

合格点：76 点／100 点

1 次の計算をしなさい。

(5点×4)

(1) $3(2a-7b)$

(2) $(8x-6y)\times\left(-\dfrac{1}{2}\right)$

(3) $(15x+24y)\div(-3)$

(4) $(4a-10a^2)\div\dfrac{2}{5}$

2 次の計算をしなさい。

(8点×6)

(1) $3(a+b)+4(a-b)$

(2) $2(4x-3y)+5(x+2y)$

(3) $6(2m+3n)-3(5m+4n)$

(4) $4(2a^2+3a-5)-2(3a^2+7a-6)$

(5) $2(3a-4b)+\dfrac{1}{5}(20a+35b)$

(6) $\dfrac{1}{2}(8x-y)-\dfrac{1}{3}(9x-y)$

3 次の計算をしなさい。

(8点×4)

(1) $\dfrac{x}{4}+\dfrac{3x+y}{8}$

(2) $\dfrac{a+5b}{2}+\dfrac{2a-7b}{3}$

(3) $a+2b-\dfrac{4a+b}{5}$

(4) $\dfrac{3x-2y}{4}-\dfrac{5x-4y}{6}$

得点UP

1 (4)分数でわるときは，**わる数の逆数をかける形に直して**計算する。

3 分数の形の式の計算は，通分して，分子をかっこでくくって計算する。

No. 24

1　式の計算

単項式の乗除

点

合格点：78点／100点

1　次の計算をしなさい。（7点×4）

(1)　$3a\times2b$

(2)　$4x\times(-7xy)$

(3)　$(-6m)\times\left(-\frac{2}{3}n\right)$

(4)　$(-2x)^2\times5x$

2　次の計算をしなさい。（7点×4）

(1)　$24xy\div4x$

(2)　$15a^2b\div(-3ab)$

(3)　$-\frac{3}{4}ab^2\div\frac{1}{6}b$

(4)　$-20xy^2\div\left(-\frac{2}{5}xy\right)$

3　次の計算をしなさい。（7点×4）

(1)　$7ab\times(-2a)\times5b$

(2)　$x^4\div x^3\times x^2$

(3)　$12x^2\times(-6xy)\div(3x)^2$

(4)　$(-6ab)^2\div3a\div(-2b)^2$

4　$x=2$，$y=-3$ のとき，次の式の値を求めなさい。（8点×2）

(1)　$7(x-2y)-3(2x-5y)$

(2)　$4x^2\times3y^2\div(-6xy)$

得点UP

3　(3)まず，累乗の部分を計算して，次に乗除の計算をする。

4　**代入する式を計算して簡単にしてから** x，y の値を代入する。

文字式の利用

月　　日

点

合格点：74 点／100 点

1　3, 4, 5のように，奇数からはじまる連続する3つの自然数の和は6の倍数になる。そのわけを，文字を使って説明しなさい。 (25点)

2　3けたの自然数で，各位の数の間に，

(百の位の数)−(十の位の数)+(一の位の数)=11

の関係が成り立つとき，この3けたの整数は11の倍数になる。そのわけを，文字を使って説明しなさい。 (25点)

3　底面の半径がr cm，高さがh cmの円錐Aと，底面の半径がAの半分で，高さがAの2倍の円柱Bがある。円柱Bの体積は，円錐Aの体積の何倍になるか，答えなさい。 (24点)

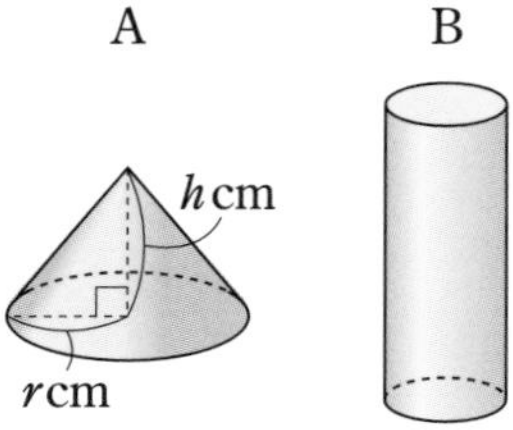

4　次の等式を〔　〕の中の文字について解きなさい。 (13点×2)

(1)　$2a-3b=6$　〔b〕

(2)　$x=\dfrac{y-5z}{3}$　〔z〕

得点UP

1　nの倍数であることを説明するためには，**n×(整数)**の形の式を導けばよい。

2　百の位の数をx，十の位の数をy，一の位の数をzとすると，$x-y+z=11$より，$z=11-x+y$

連立方程式の解き方①

月　日

点

合格点：80点／100点

1

次の連立《れんりつ》方程式のうち，解が$x=2$，$y=-5$であるものをすべて選び，記号で答えなさい。（20点）

㋐ $\begin{cases} x+y=-3 \\ x-y=-7 \end{cases}$

㋑ $\begin{cases} x+2y=-8 \\ 2x-y=9 \end{cases}$

㋒ $\begin{cases} x-3y=17 \\ 4x+y=13 \end{cases}$

㋓ $\begin{cases} 3x-y=11 \\ x-4y=22 \end{cases}$

2

次の連立方程式を，加減法《かげんほう》で解きなさい。（10点×8）

(1) $\begin{cases} x+y=9 \\ x-y=-3 \end{cases}$

(2) $\begin{cases} 5x+y=5 \\ 2x+y=-1 \end{cases}$

(3) $\begin{cases} x+4y=8 \\ -x+3y=13 \end{cases}$

(4) $\begin{cases} 4x-3y=10 \\ 5x+6y=-7 \end{cases}$

(5) $\begin{cases} 2x-3y=5 \\ 8x-7y=5 \end{cases}$

(6) $\begin{cases} 3x+2y=10 \\ 4x+3y=13 \end{cases}$

(7) $\begin{cases} 5x+4y=-23 \\ 2x-7y=8 \end{cases}$

(8) $\begin{cases} 3x-4y=5 \\ 5x+6y=2 \end{cases}$

得点UP

2 (1)1つの文字の係数の絶対値が等しいときは，左辺どうし，右辺どうしをそのままたしたりひいたりする。
(4)上の式の両辺を2倍し，yの係数の絶対値を等しくして，上の式と下の式をたしてyを消去する。

連立方程式の解き方②

月　日

点

合格点：80点／100点

1　次の連立方程式を，代入法《だいにゅうほう》で解きなさい。　（10点×4）

(1) $\begin{cases} y=x-5 \\ 6x+y=9 \end{cases}$

(2) $\begin{cases} x=y+4 \\ 2x-3y=6 \end{cases}$

(3) $\begin{cases} 3x+5y=4 \\ y=2x-7 \end{cases}$

(4) $\begin{cases} y=3x+8 \\ y=4-x \end{cases}$

2　次の連立方程式を解きなさい。　（10点×6）

(1) $\begin{cases} x+2y=-2 \\ 3(x-y)=4x+1 \end{cases}$

(2) $\begin{cases} 2(x+3y)=7y \\ x+6=5(x-y) \end{cases}$

(3) $\begin{cases} 3x+7y=-4 \\ \dfrac{x}{4}-\dfrac{y}{2}=4 \end{cases}$

(4) $\begin{cases} 0.5x+0.2y=-2 \\ 3x+4y=2 \end{cases}$

(5) $\begin{cases} \dfrac{2x-y}{3}=\dfrac{x-5}{2} \\ 4x-y=-18 \end{cases}$

(6) $\begin{cases} 2(x-y)=y+3 \\ \dfrac{x}{3}+\dfrac{y+7}{6}=5 \end{cases}$

得点UP

2　(3)下の式の両辺に4をかけて，係数を整数に直す。このとき，右辺の4に4をかけることを忘れないように。
(4)上の式の両辺を10倍し，係数を整数に直す。このとき，右辺の−2を10倍することを忘れないように。

月　日

点

合格点：75点／100点

連立方程式の利用①

1 連立方程式 $\begin{cases} ax-by=7 \\ ax+3y=3-4b \end{cases}$ の解が，$x=4$，$y=-3$ であるとき，a，b の値を求めなさい。（25点）

2 2けたの自然数がある。この自然数の十の位の数と一の位の数の和は13で，十の位の数と一の位の数を入れかえてできる自然数は，もとの自然数より45大きくなる。もとの自然数を求めなさい。（25点）

3 1個120円のシュークリームと1個200円のケーキを，それぞれ何個かずつ買って，代金が1520円になる予定であった。ところが，シュークリームとケーキの個数をとりちがえたため，代金は予定より160円高くなった。はじめに買う予定であったシュークリームとケーキの個数をそれぞれ求めなさい。（25点）

4 A町から10km離れたB町まで行った。はじめは，時速12kmの速さの自転車で走っていたが，途中で自転車が故障してしまい，そこからは時速4kmの速さで歩いたので，全体では1時間10分かかった。自転車で走った道のりと歩いた道のりをそれぞれ求めなさい。（25点）

得点UP

1 連立方程式の解の x，y の値の組をそれぞれの方程式に代入して，a，b についての連立方程式をつくる。

3 シュークリームを x 個，ケーキを y 個買う予定だったとすると，とりちがえたときの代金は，$(200x+120y)$ 円

月　　日

連立方程式の利用②

点

合格点：75点／100点

1 大，小2つの数がある。大きい数に小さい数の2倍を加えると2になり，大きい数の2倍から小さい数をひくと39になるという。この2つの数を求めなさい。（25点）

2 ある電車が340mの鉄橋を渡り始めてから渡り終わるまでに26秒かかり，この電車が2520mのトンネルに入り始めてから完全に出るまでに2分15秒かかった。この電車の長さは何mですか。また，電車の速さは時速何kmですか。（25点）

3 濃度のちがう2つの食塩水A，Bがある。Aを200g，Bを150g混ぜると12%の食塩水ができ，Aを120g，Bを300g混ぜると10%の食塩水ができた。A，Bの濃度は，それぞれ何%ですか。（25点）

4 兄と弟は，それぞれ持っているお金の中から，兄は75%，弟は40%を出し合って，6300円のラジコンカーを買ったところ，残金は弟のほうが兄より1200円多かった。2人がはじめに持っていたお金は，それぞれいくらですか。（25点）

得点UP

❷ 鉄橋を渡るときと，トンネルを通過するときの走行距離から立式する。走行距離には**電車の長さもふくまれる。**

❸ ふくまれる食塩の重さに着目して，**(食塩の重さ)＝(食塩水の重さ)×(濃度)**から立式する。

月　日

点

合格点：80点／100点

1次関数とグラフ①

1 次の(1)〜(4)は，y が x の1次関数であるといえますか。（10点×4）

(1)　面積36cm^{2}の三角形の底辺の長さが x cmのときの高さ y cm

(2)　x 円の品物を5個買って1000円出したときのおつり y 円

(3)　10kmの距離を x 時間で走ったときの時速 y km

(4)　周の長さが x cmの正方形の1辺の長さ y cm

2 1次関数 $y=-\frac{1}{2}x+1$ について，次の問いに答えなさい。（10点×2）

(1)　変化の割合を求めなさい。

(2)　x の増加量が8のときの y の増加量を求めなさい。

3 1次関数 $y=2x-7$ のグラフについて，次の問いに答えなさい。（10点×4）

(1)　傾《かたむ》きと切片《せっぺん》を答えなさい。

(2)　x 軸，y 軸との交点の座標をそれぞれ求めなさい。

(3)　点P(3, a)がこのグラフ上にあるとき，a の値を求めなさい。

(4)　次の点のうちで，グラフ上にあるものをすべて選び，記号で答えなさい。

㋐ $(-1,\ -9)$　　㋑ $(-2,\ -3)$　　㋒ $(4,\ -1)$　　㋓ $(6,\ 5)$

得点UP

1 $y=ax+b$ で表されるとき，y は x の1次関数である。

2 (1) 1次関数 $y=ax+b$ で，変化の割合 $=\dfrac{y\text{の増加量}}{x\text{の増加量}}=a$

1 次関数とグラフ②

月　　日

点

合格点：80 点／100 点

1　次の㋐〜㋓の式で表される1次関数の中から，下の(1)〜(3)にあてはまるものをすべて選び，記号で答えなさい。（10点×3）

㋐　$y=4x+8$　　㋑　$y=-4x-8$　　㋒　$y=\frac{1}{4}x-8$　　㋓　$y=-\frac{1}{4}x+8$

(1)　グラフが右下がりの直線

(2)　グラフが$y=4x$と平行である直線

(3)　点$(0,\ -8)$を通る直線

2　次の１次関数のグラフをかきなさい。（10点×4）

(1)　$y=x-6$

(2)　$y=-2x+6$

(3)　$y=\frac{2}{3}x+1$

(4)　$y=-\frac{1}{2}x-3$

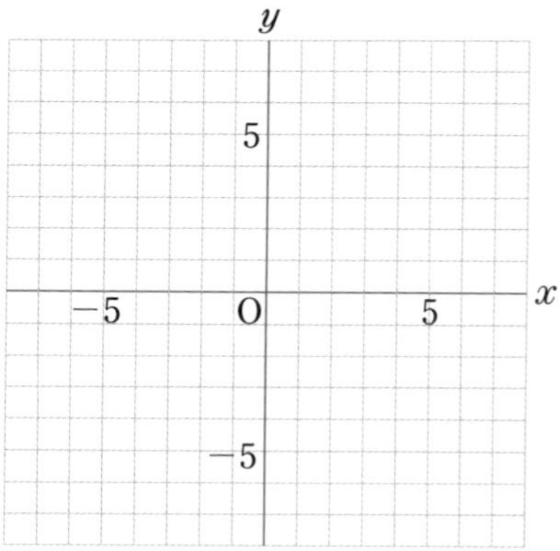

3　右の図の直線(1)〜(3)の式を求めなさい。（10点×3）

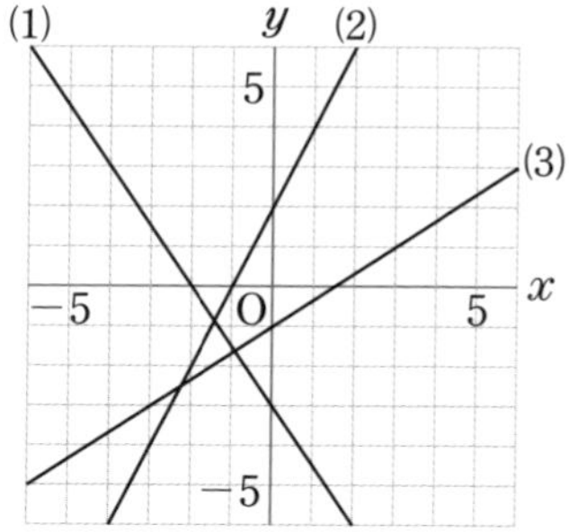

得点UP

3　直線の式を求めるには，グラフの切片と傾きを調べる。

直線の式・方程式とグラフ

点

合格点：80点／100点

1 次の直線の式を求めなさい。

(10点×4)

(1)　傾きが$\frac{1}{2}$で，点(8,　−5)を通る直線

(2)　切片が−6で，点(−4,　2)を通る直線

(3)　2点(3,　−7)，(−1,　9)を通る直線

(4)　点(2,　−2)を通り，直線$y=3x+4$に平行な直線

2 次の方程式のグラフをかきなさい。

(10点×4)

(1)　$x+2y=4$

(2)　$3x-2y=6$

(3)　$4y+8=0$

(4)　$6-3x=0$

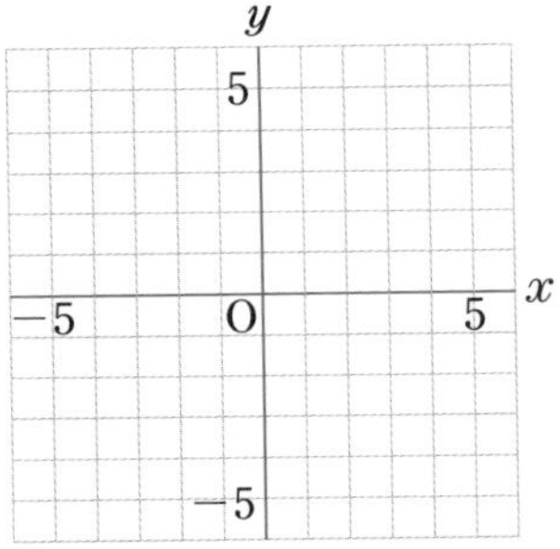

3 右の図の2直線ℓ，mの交点Pの座標を求めなさい。

(20点)

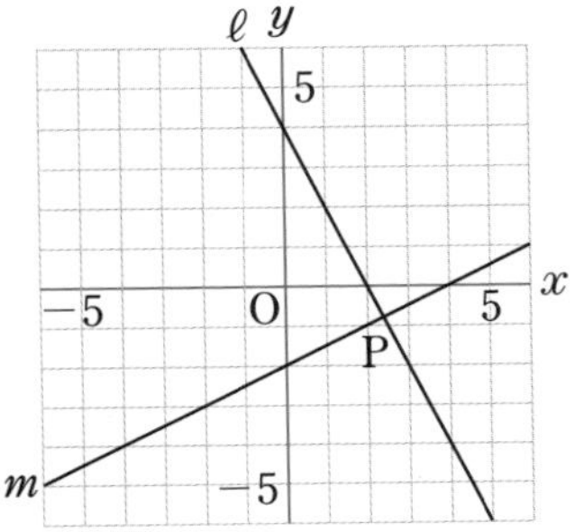

得点UP

3　2直線ℓとmの式を求め，それを**連立方程式として解く。**

1 次関数の利用

点
合格点：80点／100点

1 右の図の直角三角形ABCで，点Pは頂点Aを出発して，秒速1cmの速さで辺上をBを通りCまで動く。PがAを出発してからx秒後の△APCの面積を$y\,\mathrm{cm}^2$とするとき，次の問いに答えなさい。（20点×3）

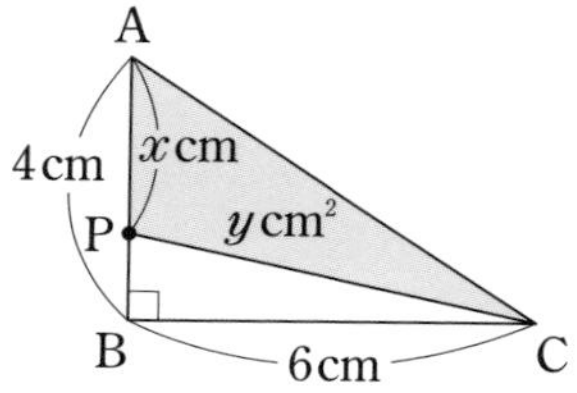

(1)　yをxの式で表し，xの変域も書きなさい。

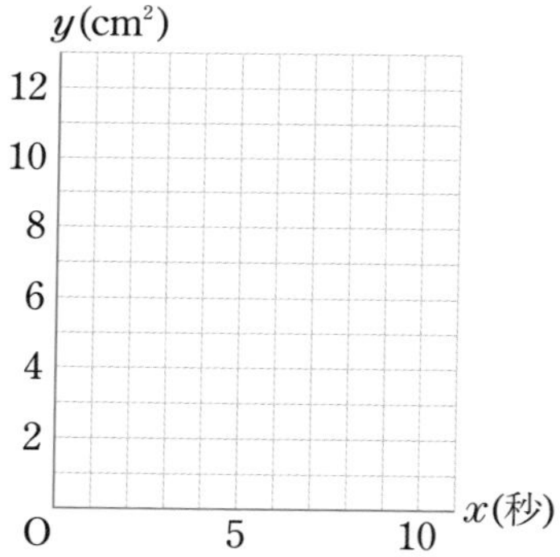

(2)　xとyの関係をグラフにかきなさい。

(3)　△APCの面積が$9\,\mathrm{cm}^2$になるのは，何秒後か，求めなさい。

2 Aさんは，家から1000m離れた駅まで行くのに，はじめは歩いて，途中から走って行った。右のグラフは，Aさんが家を出発してからx分後の進んだ道のりをymとして，x，yの関係を表したものである。次の問いに答えなさい。（(1)10点×2，(2)20点）

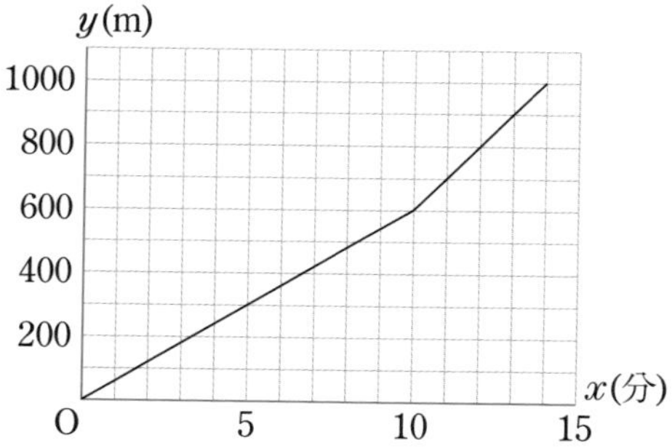

(1)　Aさんの歩く速さと走る速さを，それぞれ求めなさい。

(2)　Aさんが，家と駅のちょうど真ん中の地点を通るのは，出発してから何分何秒後か，求めなさい。

得点UP

1 (1)点Pが，辺AB上にあるときと辺BC上にあるときの**2つの場合に分けて**考える。

2 (2)家と駅のちょうど真ん中の地点は，家から500mの地点であるから，$y=500$のときのxの値を考える。

平行線と角

月　日

点

合格点：80点／100点

1 次の図で，$\ell /\!/ m$ のとき，$\angle x$，$\angle y$ の大きさを求めなさい。（10点×4）

(1)

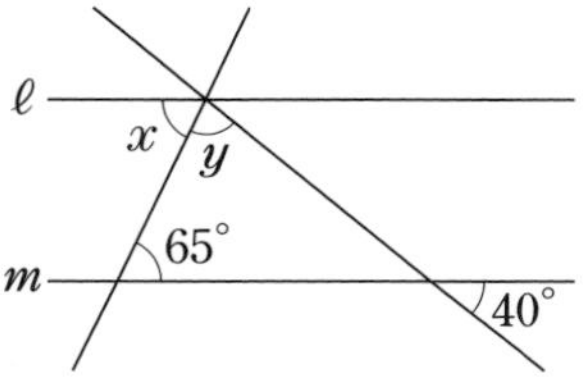

(2)

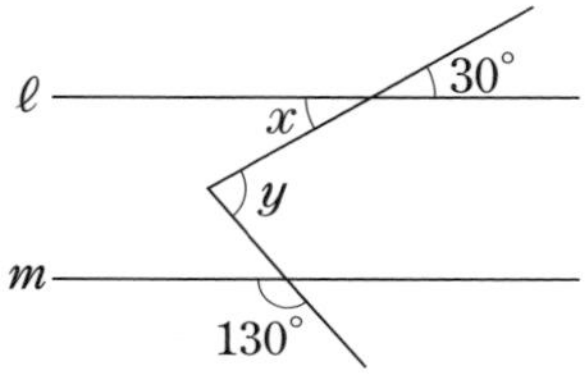

2 次の図で，$\angle x$ の大きさを求めなさい。（10点×2）

(1)

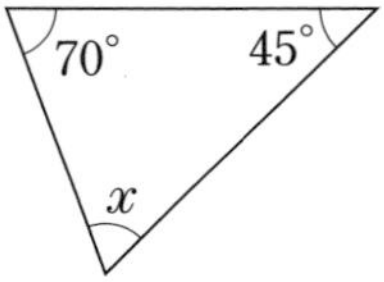

(2)

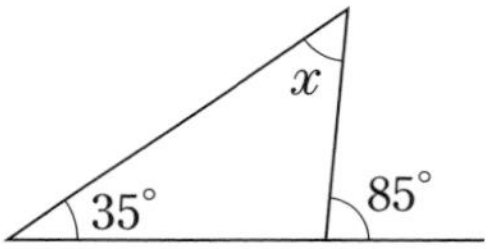

3 次の問いに答えなさい。（10点×2）

(1)　七角形の内角の和を求めなさい。

(2)　正九角形の1つの外角の大きさを求めなさい。

4 次の図で，$\angle x$ の大きさを求めなさい。（10点×2）

(1)

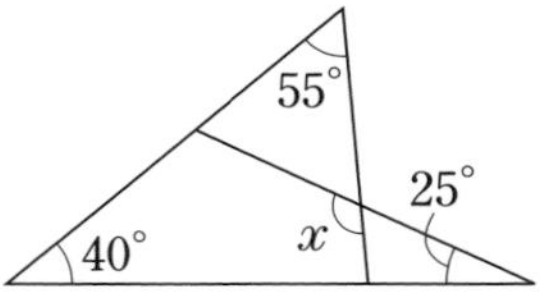

(2)　$\ell /\!/ m$，六角形ABCDEFは正六角形

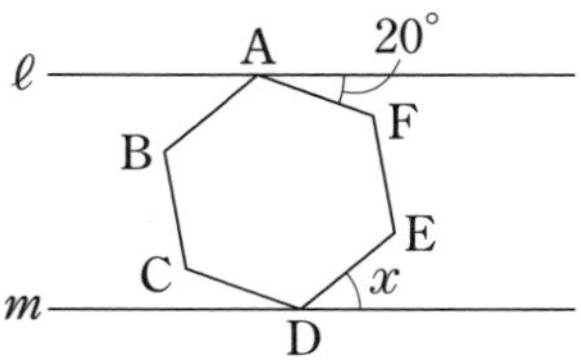

得点UP

4　(1)三角形の内角と外角の関係を，2つの三角形で利用する。
(2)平行線と角の性質と，正多角形の1つの内角の大きさを組み合わせて考える。

合同と証明

月　　日

点

合格点：80点／100点

1

下の図で，五角形ABCDE≡五角形FGHIJである。次の問いに答えなさい。（10点×6）

(1)　辺AEに対応する辺を答えなさい。

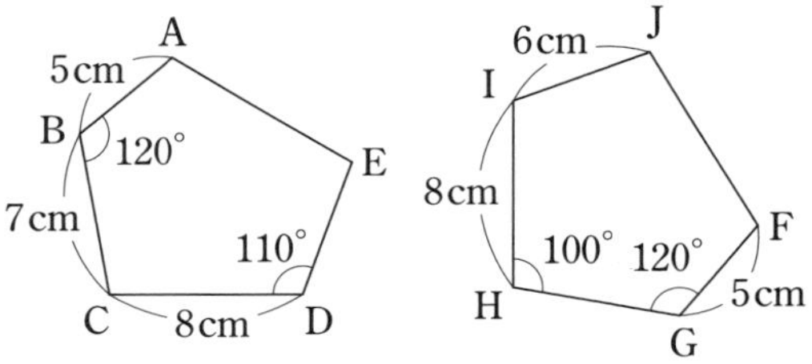

(2)　∠Bに対応する角を答えなさい。

(3)　次の辺の長さを求めなさい。

①　辺DE　　　②　辺GH

(4)　次の角の大きさを求めなさい。

①　∠C　　　②　∠I

2

次のことがらについて，仮定と結論を答えなさい。（10点×4）

(1)　$A=B$ ならば，$A+C=B+C$ である。

(2)　x が10の倍数ならば，x は5の倍数である。

(3)　$\ell\perp m$，$\ell\perp n$ ならば，$m /\!/ n$ である。

(4)　2直線が平行ならば，錯角は等しい。

得点UP

1　合同な図形では，**対応する線分の長さは等しく，対応する角の大きさは等しい。**

2　「○○○ならば，□□□である」ということがらについて，○○○の部分を**仮定**，□□□の部分を**結論**という。

三角形の合同条件と証明

点

合格点：80点／100点

1 次の図で，合同な三角形を記号≡を使って示しなさい。また，そのときに使った三角形の合同条件も書きなさい。ただし，同じ印をつけた辺の長さはそれぞれ等しいものとする。　（20点×3）

(1)

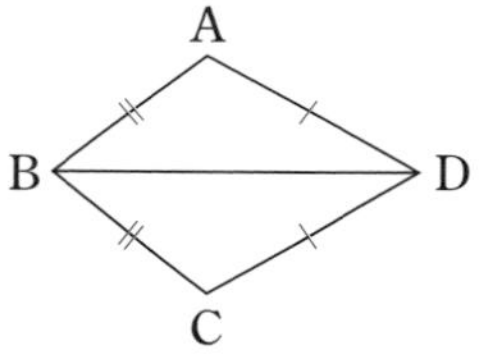

(2)　線分CDは∠ACBの二等分線

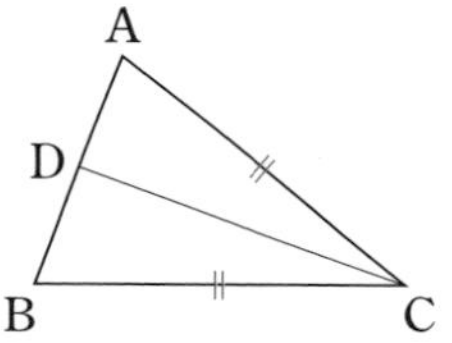

(3)　AB // CD

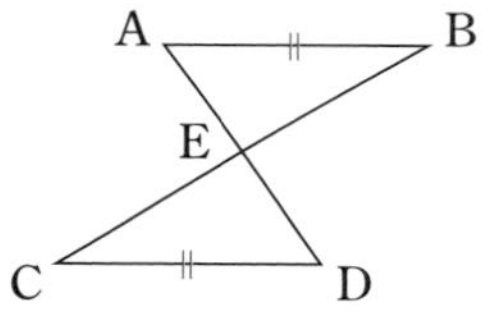

2 右の図は，∠AOBの二等分線の作図を示している。この作図で，∠AOE＝∠BOEとなることを証明する。□に続きを書いて，証明を完成させなさい。　（20点）

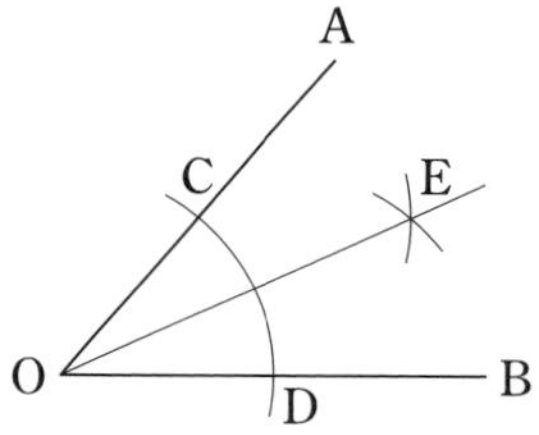

［証明］　点EとC，Dをそれぞれ結ぶ。

△COEと△DOEにおいて，

3 右の図のように，正三角形ABCの辺BC上に点Dをとり，ADを1辺とする正三角形ADEをつくる。点CとEを結ぶとき，△ABD≡△ACEであることを証明しなさい。　（20点）

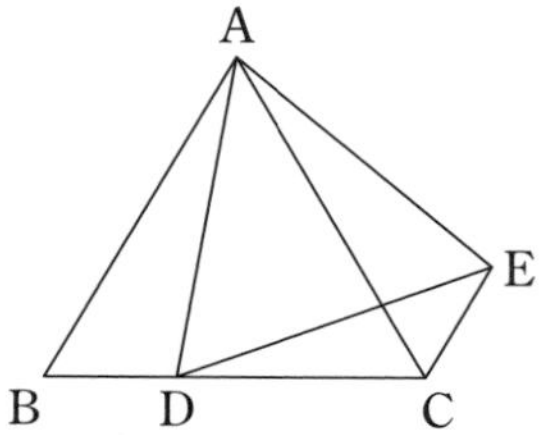

［証明］

得点UP

❷ ∠AOE，∠BOEをそれぞれ角にもつ△COEと△DOEに着目する。

❸ 正三角形の3辺はすべて等しいこと，3つの内角はすべて等しいことを利用する。

三角形

月　日

点

合格点：80 点／100 点

1 次の図で，同じ印をつけた辺は等しいとして，$\angle x$，$\angle y$ の大きさを求めなさい。

（10点×4）

(1)

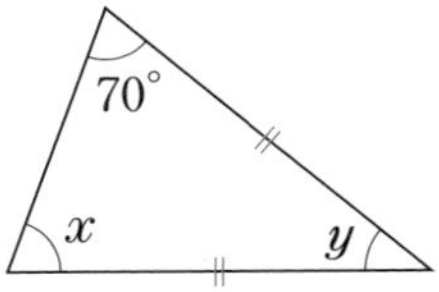

(2)

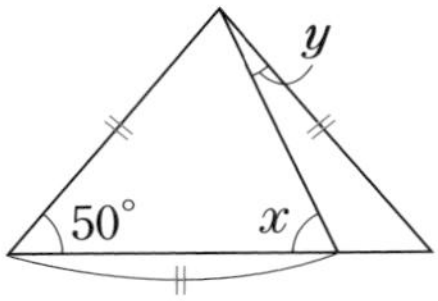

2 右の図のように，AB＝AC の二等辺三角形 ABC の辺 AB，AC 上に BD＝CE となるような点 D，E をとる。BE と CD の交点を F とするとき，△FBC は二等辺三角形であることを証明しなさい。

（20点）

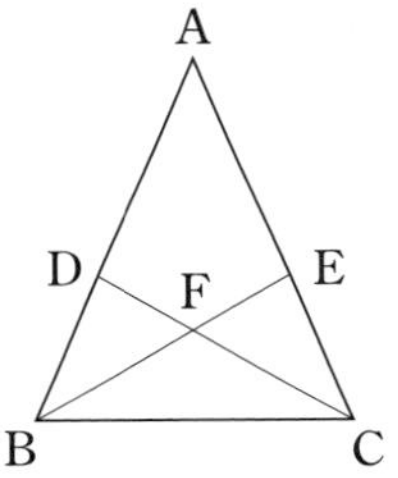

［証明］

3 右の図のように，AB＝AC の直角二等辺三角形 ABC の頂点 A を通る直線に，B，C からそれぞれ垂線をひき，その交点を D，E とする。このとき，△DBA≡△EAC であることを証明しなさい。

（20点）

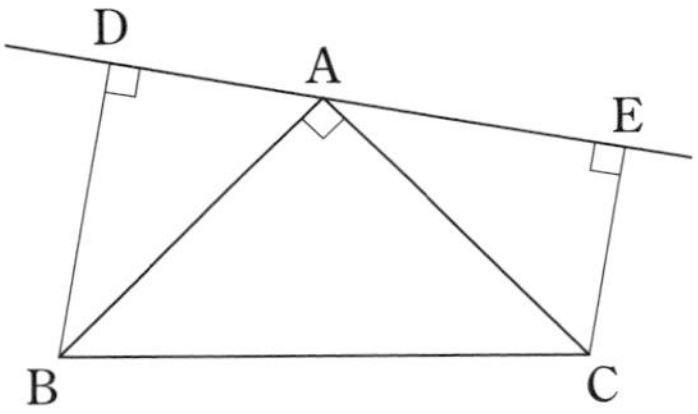

［証明］

4 次のことがらの逆を答えなさい。また，それが正しいか，正しくないかを答えなさい。

（10点×2）

△ABC≡△DEF ならば，△ABC＝△DEF

得点UP

2 ∠DCB，∠EBC をそれぞれ角にもつ 2 つの三角形に着目して，この 2 つの三角形が合同であることを証明する。

3 一直線の角は180° だから，∠BAD＝180° －90° －∠EAC＝90° －∠EAC

平行四辺形

1 右の図の平行四辺形ABCDで，∠BCDの二等分線と辺ADとの交点をEとする。次の角の大きさや線分の長さを求めなさい。（10点×4）

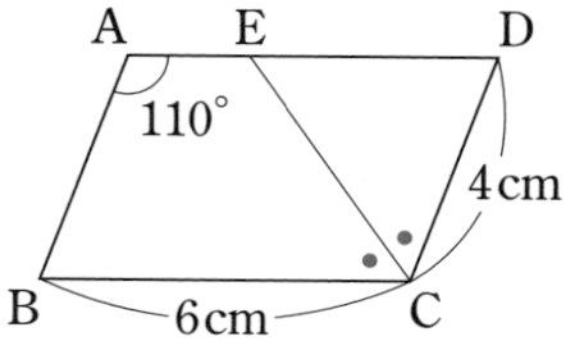

(1)　∠ECD　　(2)　∠AEC

(3)　線分AB　　(4)　線分AE

2 右の図のように，平行四辺形ABCDで，対角線ACとBDの交点をOとする。Oを通る直線と辺AD，BCとの交点をそれぞれP，Qとする。このとき，OP＝OQであることを証明しなさい。（30点）

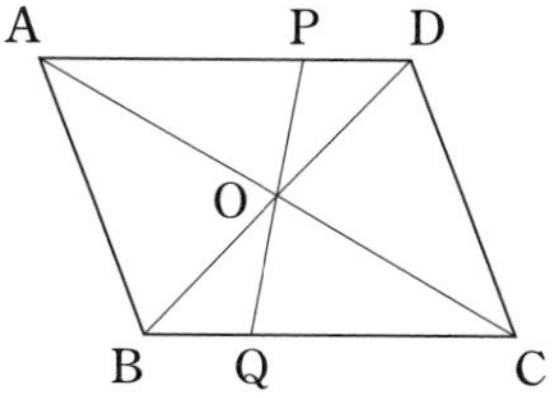

［証明］

3 右の図の平行四辺形ABCDで，辺AD，BCの中点をそれぞれE，Fとする。AFとBEの交点をG，ECとDFの交点をHとすると，四角形EGFHは平行四辺形になることを証明しなさい。（30点）

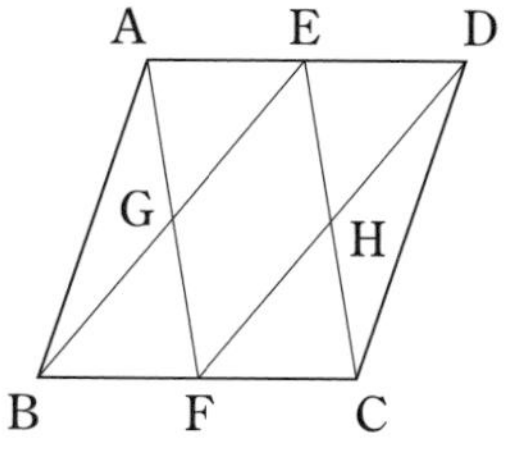

［証明］

得点UP

2 OP，OQをそれぞれ辺にもつ2つの三角形に着目して，この2つの三角形が合同であることを証明する。

3 四角形AFCEと四角形EBFDがどちらも平行四辺形になることから考える。

平行線と面積

点

合格点：75 点 ／ 100 点

1 右の図の平行四辺形ABCDで，次の条件が成り立つとき，四角形ABCDはどんな四角形になるか，答えなさい。（10点×3）

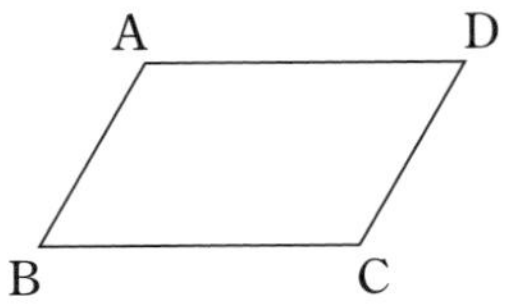

(1)　∠A＝90°　　　(2)　BC＝CD

(3)　∠C＝90°，AB＝AD

2 右の図の四角形EFGHは，平行四辺形ABCDの4つの内角の二等分線で囲まれた四角形である。四角形EFGHはどんな四角形になるか，答えなさい。（20点）

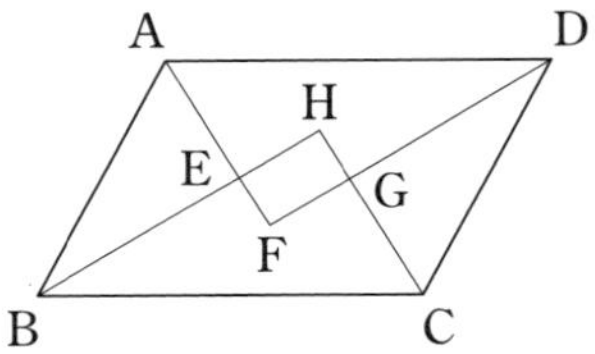

3 右の図の四角形ABCDは，AD // BCの台形である。次の三角形と面積が等しい三角形を答えなさい。（15点×2）

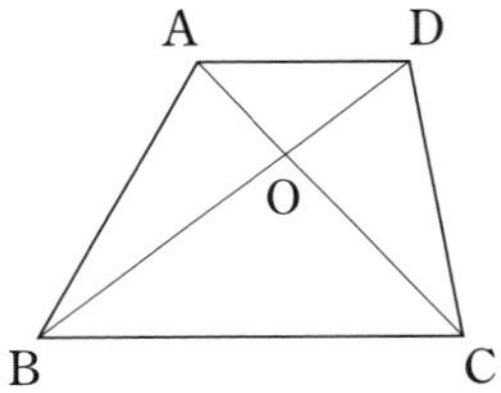

(1)　△ABC　　　(2)　△DOC

4 右の図の平行四辺形ABCDで，対角線ACを4等分する点のうち，点Cに最も近い点をPとし，点PとB，Dをそれぞれ結ぶ。△PBC＝4cm² のとき，四角形ABPDの面積を求めなさい。（20点）

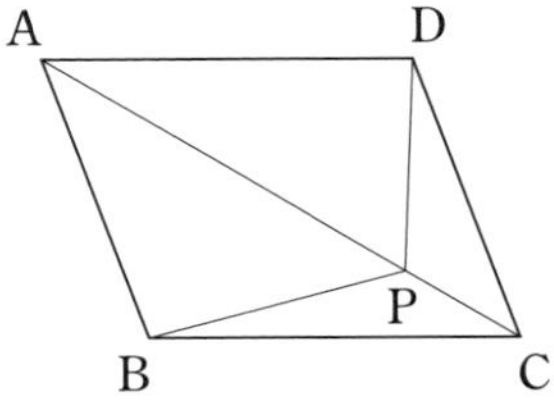

得点UP

2 ∠ABC＋∠DAB＝180° から，∠AEBの大きさを考える。

4 対角線BDをひき，ACとの交点をOとすると，点Pは線分OCの中点になる。

確率①

点
合格点：80点／100点

1 ジョーカーを除いた52枚のトランプがある。この中から1枚のカードを取り出すとき，次の確率を求めなさい。（9点×4）

(1)　ハートである確率

(2)　エースである確率

(3)　絵札である確率

(4)　5の倍数である確率

2 3枚の硬《こう》貨《か》A，B，Cを同時に投げるとき，次の問いに答えなさい。（8点×3）

(1)　表と裏の出方は全部で何通りか，求めなさい。

(2)　3枚とも表が出る確率を求めなさい。

(3)　1枚が表，2枚が裏が出る確率を求めなさい。

3 大小2つのさいころを同時に投げるとき，次の問いに答えなさい。（10点×4）

(1)　2つのさいころの目の出方は全部で何通りか，求めなさい。

(2)　出る目の数が同じになる確率を求めなさい。

(3)　出る目の数の和が4になる確率を求めなさい。

(4)　出る目の数の和が10以上になる確率を求めなさい。

得点UP

3 (1)大のさいころの目の出方が6通りで，そのそれぞれについて，小のさいころの目の出方が6通りずつある。
(4)出る目の数の和が10，11，12になる場合について，それぞれ何通りずつあるかを求める。

確率②

月　日

点

合格点：80点／100点

1　1から4までの数字が1つずつ書かれた4枚のカード 1 2 3 4 がある。これらのカードを裏返してよく混ぜてから，続けて2枚ひく。ひいた順に左から並べて2けたの整数をつくるとき，次の確率を求めなさい。（15点×2）

(1)　2けたの整数が奇数になる確率

(2)　2けたの整数が3の倍数になる確率

2　袋の中に，赤玉が4個，白玉が2個入っている。この袋の中から，同時に2個の玉を取り出すとき，次の確率を求めなさい。（10点×3）

(1)　赤玉を1個，白玉を1個取り出す確率

(2)　赤玉を2個取り出す確率

(3)　同じ色の玉を取り出す確率

3　5本のうち，あたりが2本入っているくじがある。このくじを，はじめにAさんがひき，ひいたくじをもどさないで，続いてBさんがひく。このとき，次の確率を求めなさい。（20点×2）

(1)　2人ともあたる確率

(2)　1人だけがあたる確率

得点UP

2　(3)同じ色の玉の取り出し方は，赤玉を2個取り出す場合と白玉を2個取り出す場合がある。

3　(2) Aがあたり，Bがはずれの場合の数と，Aがはずれ，Bがあたりの場合の数を考える。

確率③

月　　日

点

合格点：76点／100点

1　1から4までの数字を書いた4枚のカード[1]，[2]，[3]，[4]がある。このカードをよくきって1枚を取り出し，それをもどしてから，また1枚を取り出す。このとき，次の確率を求めなさい。

(14点×5)

(1)　2枚のカードに書かれた数字の和が4になる確率

(2)　2枚のカードに書かれた数字の和が9になる確率

(3)　2枚のカードに書かれた数字の積が6の倍数になる確率

(4)　2枚のカードに書かれた数字の積が9の約数になる確率

(5)　2枚のカードに書かれた数字の積が9未満になる確率

2　3人の男子A，B，Cと2人の女子D，Eの5人の中から2人の委員を選ぶとき，次の確率を求めなさい。

(10点×3)

(1)　2人とも男子が選ばれる確率

(2)　男女1人ずつ選ばれる確率

(3)　少なくとも1人は女子が選ばれる確率

得点UP

❶ (2)和が9になることはない。　(5)1－(**積が9以上になる確率**)を利用する。

❷ (3)「少なくとも1人は女子」とは，**2人とも女子**か，**1人が女子で1人が男子**の場合である。

箱ひげ図

月　日

点

合格点：70 点 ／ 100 点

1 次のデータについて，下の問いに答えなさい。 （(1)(2)15点 × 2，(3)20点）

11,　3，　15,　19,　24,　2,　6,　7,　21,　9

(1)　四《し》分《ぶん》位《い》数《すう》を求めなさい。

(2)　四分位範《はん》囲《い》を求めなさい。

(3)　箱ひげ図をかきなさい。

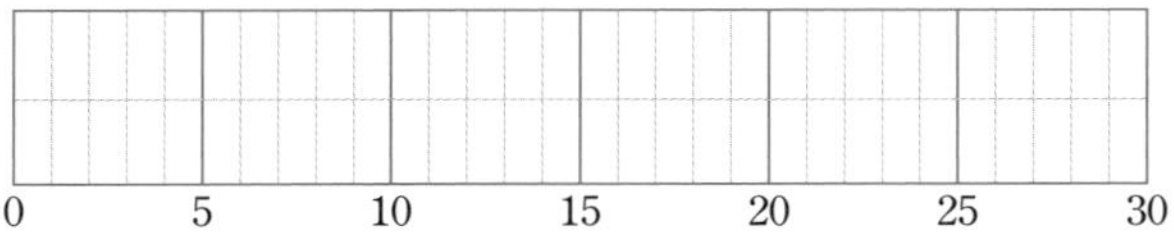

2 右の図は，1組と2組のそれぞれ15人の生徒が，ハンドボール投げをしたときのデータの分布を箱ひげ図で表したものである。次の問いに答えなさい。 （10点 × 5）

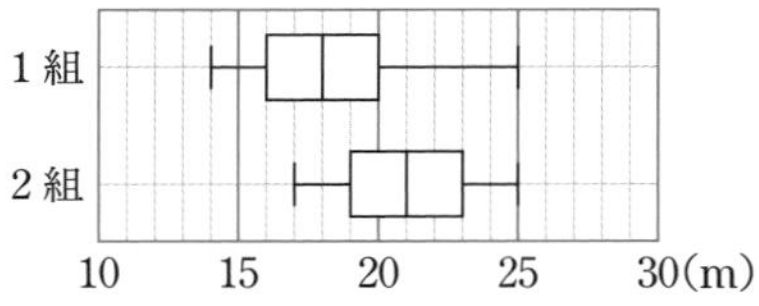

(1)　この図から，読み取れることで次の㋐〜㋒は正しいといえるか，答えなさい。

㋐　1組の方が2組より四分位範囲が大きい。

㋑　1組は20m以上25m未満の人はいない。

㋒　2組は21m以上の人が半数以上いる。

(2)　1組，2組の箱ひげ図に対応しているヒストグラムを，それぞれ次の㋐〜㋒の中から選びなさい。

㋐

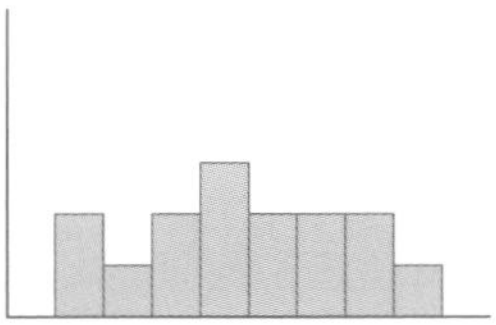

㋑

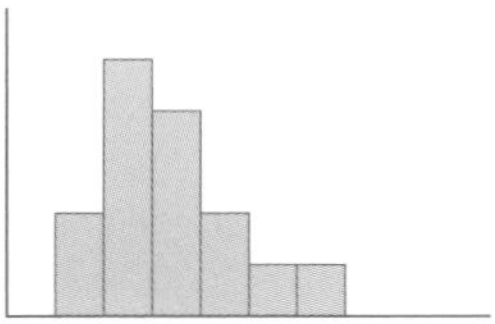

㋒

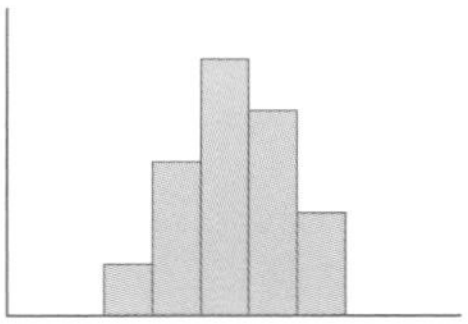

得点UP

❶ (2)四分位範囲＝第 3 四分位数－第 1 四分位数

総復習テスト（数学）

点

目標時間：20分　合格点：80点／100点

1 次の計算をしなさい。（5点×2）

(1) $4x^2-x+3x-5x^2$

(2) $\dfrac{3x-y}{2}-\dfrac{5x-4y}{6}$

2 $x=4$，$y=-3$ のとき，次の式の値を求めなさい。（5点×2）

(1) $2(3x-4y)-5(x-2y)$

(2) $x^2\times(-2y)^2\div(-8xy)$

3 次の連立方程式を解きなさい。（5点×2）

(1) $\begin{cases} 3x+8y=30 \\ 7x-2y=8 \end{cases}$

(2) $\begin{cases} y=x-3 \\ 5x-3y=7 \end{cases}$

4

ある店で，Tシャツとスニーカーを買った。定価では合わせて6500円だったが，Tシャツは定価の20%引き，スニーカーは定価の30%引きだったので，代金は合わせて4700円だった。Tシャツとスニーカーの定価をそれぞれ求めなさい。（10点）

5 次の直線の式を求めなさい。（5点×2）

(1) 2点(1，7)，(−4，−3)を通る直線

(2) 2直線 $y=x-8$，$y=-4x+2$ の交点を通り，直線 $y=-x$ に平行な直線

裏面へ

6 右の図で，$\ell /\!/ m$のとき，$\angle x$，$\angle y$の大きさを求めなさい。 (5点×2)

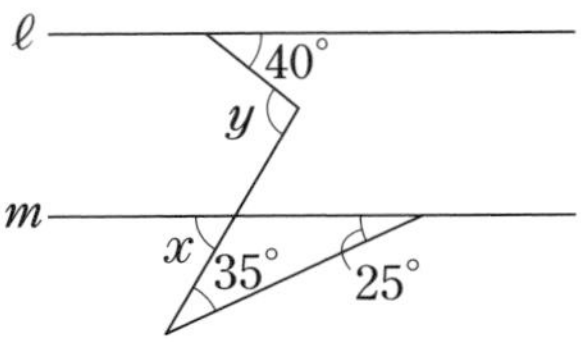

7 右の図の平行四辺形ABCDにおいて，点Eは辺BC上の点で，AB＝AE，DC＝ECである。∠BAE＝40°のとき，∠DAE，∠AEDの大きさをそれぞれ求めなさい。 (5点×2)

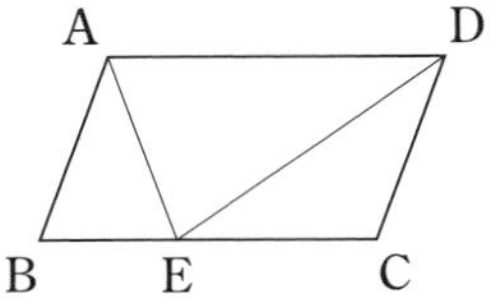

8 右の図は，△ABCの辺ABを1辺とする正三角形DBAと辺ACを1辺とする正三角形EACをかいたものである。点DとC，点BとEをそれぞれ結ぶとき，次の問いに答えなさい。 ((1)15点，(2)5点)

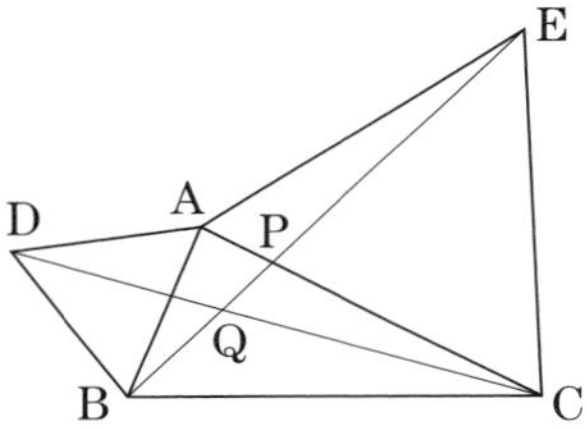

(1) △ADC≡△ABEであることを証明しなさい。

[証明]

(2) ACとBE，DCとBEとの交点をそれぞれP，Qとするとき，∠PQCの大きさを求めなさい。

9 2つのさいころA，Bを同時に投げるとき，次の確率を求めなさい。 (5点×2)

(1) 出る目の数の和が5の倍数になる確率

(2) Bのさいころの目の数が，Aのさいころの目の数の約数になる確率

漢字の読み・書き

月　日

点

合格点：80点／100点

1 次の太字の漢字の読み仮名《がな》を書きなさい。（5点×10）

(1) 急な変更《へんこう》に**慌**てる。（　）

(2) 台風の勢いが**衰**える。（　）

(3) ピアノの練習を**怠**ける。（　）

(4) 絶景に目を**奪**われる。（　）

(5) 選手の引退を**惜**しむ。（　）

(6) 水道管が**破裂**する。（　）

(7) 正式に**契約**を交わす。（　）

(8) **魅力**のある俳優。（　）

(9) 事件の**概略**を話す。（　）

(10) 同じ**境遇**の人に会う。（　）

2 次の太字の片仮名を漢字で書きなさい。（5点×10）

(1) **ニギ**りずしを食べる。（　）

(2) **ダマ**って先生の話を聞く。（　）

(3) 友人に**ナヤ**みを打ち明ける。（　）

(4) 強風で木が**タオ**れる。（　）

(5) 賛成が過半数を**シ**める。（　）

(6) 毎晩十時に**シュウシン**する。（　）

(7) 衣料用の**センザイ**を買う。（　）

(8) **レンラクモウ**を作る。（　）

(9) 遺跡《いせき》から**ヘキガ**が発見される。（　）

(10) **イッパンテキ**な考え方。（　）

得点UP

1 (3)「怠」には、「**怠《おこた》る**」という訓読みもあるので、送り仮名に注意して読み分ける。

2 (9)「ヘキガ」の「ヘキ」は、同じ部分をもつ「**避**」「**癖**」との形の違《ちが》いに注意。

月　　日

対義語・類義語／多義語

点

合格点：80点／100点

1 次の各組が、(1)～(4)は対義語、(5)～(8)は類義語の関係になるように、〔　〕から漢字を選んで（　）に書きなさい。（5点×8）

(1) 創造↔模（　　）
(2) 急性↔（　　）性
(3) 過激↔（　　）健
(4) 正統↔異（　　）
(5) 技量＝手（　　）
(6) 節約＝（　　）約
(7) 有数＝（　　）指
(8) 不意＝（　　）然

〔倹　慢　質　腕　突　端　屈　穏　歴　倣〕

2 次の文の太字の言葉の対義語を、漢字と送り仮《が》名《な》で書きなさい。（6点×4）

(1) このカレーはやや**甘**《あま》**い**。（　　）
(2) 息を大きく**吸う**。（　　）
(3) **淡**《あわ》**い**色の布を選ぶ。（　　）
(4) 入部は彼女《かのじょ》の方が**早い**。（　　）

3 次の文の太字の言葉の類義語を、□から選んで書きなさい。（6点×3）

(1) 気に入った商品を手に**取る**。（　　）
(2) 本州と四国を**結ぶ**橋。（　　）
(3) 反対しろと、友人を**あおる**。（　　）

縛《しば》る　選ぶ　つなぐ　そそのかす　つかむ

4 次の各組の□にそれぞれ共通して入る言葉を、漢字と送り仮名で書きなさい。（6点×3）

(1)
早寝《はやね》早起きが身に□。
お菓《か》子《し》におまけが□。
両者の勝負が□。
（　　）

(2)
一日名所を見て□。
彼《かれ》は知恵《ちえ》が□人物だ。
強力な仲間が敵に□。
（　　）

(3)
過去の失敗を水に□。
外部に情報を□。
タクシーが市内を□。
（　　）

得点UP
1 (7)「有数」は、「数えられるほど少なくて、優れていること」の意味。
4 (1)～(3)の文の□のように、**多くの意味や用法をもつ語**を多義語という。

同訓異字／同音異義語／形の似た字

月　日

点

合格点：80点／100点

1 次の太字の片仮名《かたかな》を漢字で書きなさい。（5点×10）

(1)
ア　説明のために時間を**サ**く。（　　）
イ　絹を**サ**くような悲鳴。（　　）

(2)
ア　子犬に親犬が寄り**ソ**う。（　　）
イ　川に**ソ**って堤防《ていぼう》を築く。（　　）

(3)
ア　危険を**オカ**して進む。（　　）
イ　他の国の領土を**オカ**す。（　　）
ウ　うっかり、ミスを**オカ**す。（　　）

(4)
ア　幼児を**タイショウ**とした本。（　　）
イ　二つの文を**タイショウ**する。（　　）
ウ　左右**タイショウ**の絵。（　　）

2 次の太字の熟語を、漢字の誤りを正して書き直しなさい。（7点×5）

(1) 昔の作品を**模放**する。（　　）
(2) しみじみと**感概**にふける。（　　）
(3) 大きな事件に**遭偶**する。（　　）
(4) 商品を**般入**する。（　　）
(5) **犠性**を最小限に抑《おさ》える。（　　）

3 次の太字の片仮名に合う熟語を、〔　〕から選んで書きなさい。（5点×3）

(1) 身元を**ホショウ**する。（　　）
(2) 災害の**ホショウ**を受ける。（　　）
(3) 身の安全を**ホショウ**する。（　　）

〔保障　補償　保証〕

得点UP

1 (4)　意味の違《ちが》いに注意。**イ**の「タイショウ」は、主に**二つの物を比較《ひかく》する**ときに使う。

2 (3)　同じ部分をもつ「偶」「遇」「隅」「愚」を使い分ける。「偶」「遇」「隅」は、音読みも同じなので注意。

月　日

敬語

点
合格点：80点／100点

1
次の――に使われている敬語の種類を〔　〕から選び、記号で答えなさい。（6点×5）

(1) この本は、貸し出しできません。（　　）
(2) 作品をゆっくりと拝見する。（　　）
(3) 大統領が訪日される。（　　）
(4) 先生は、五時にお帰りになった。（　　）
(5) 先方に用件をお伝えする。（　　）

〔ア　尊敬語　イ　謙譲語《けんじょうご》　ウ　丁寧語《ていねいご》〕

2
次の――の敬語の使い方が正しいものに○、間《ま》違《ちが》っているものには×を書きなさい。（7点×4）

(1) 先生が注意事項《じこう》を生徒にお話しする。
(2) 今日、そちらに伺《うかが》っても構いませんか。
(3) あなたのご両親に来ていただきました。
(4) 先生のご意見をみんなに申してください。

(1)（　　）　(2)（　　）　(3)（　　）　(4)（　　）

3
次の各文の（　）に入る敬語を、□から選んで書きなさい。（6点×5）

(1) 先生には私からお礼を（　　）。
(2) お客様が食事を（　　）。
(3) 先生から手紙を（　　）。
(4) 先生がやさしい声で（　　）。
(5) お客様に食後のお茶を（　　）。

召《め》し上がる　お出しする　申し上げます おっしゃる　いただく

4
次の各文の――を、敬語を全く用いない表現に書き直しなさい。（6点×2）

(1) お調べ致《いた》しますのでお待ちください。（　　）
(2) これが新製品でございます。（　　）

得点UP
1　敬語の種類は、動作の主・動作の受け手・聞き手のうちの、だれに対して敬意を表しているかで区別する。
4　(1)「ます」は**丁寧の意味の助動詞**。敬語の仲間なので、これも取り除く。

熟語の成り立ち

点
合格点：80点／100点

1 次の(1)～(8)の構成の二字熟語を、□から選んで書きなさい。（5点×8）

(1) 上下が似た意味。（　　）
(2) 上下が対《つい》(反対)の意味。（　　）
(3) 上が下を修飾《しゅうしょく》する。（　　）
(4) 下が上の動作の目的や対象。（　　）
(5) 上下が主・述の関係。（　　）
(6) 上が下を打ち消す。（　　）
(7) 接頭語が付く。（打ち消しの意味以外の接頭語。）（　　）
(8) 接尾《せつび》語が付く。（　　）

免職《めんしょく》　舞踊《ぶよう》　豪雨《ごうう》　陰性《いんせい》
緩急《かんきゅう》　御意《ぎょい》　未遂《みすい》　日没《にちぼつ》

2 次の（　）に入る接頭語や接尾語を、下の□から選んで書き、三字熟語を完成させなさい。（5点×6）

(1) （　　）一致《いっち》
(2) 圧倒《あっとう》（　　）
(3) （　　）開発
(4) 違和《いわ》（　　）
(5) （　　）抵抗《ていこう》
(6) 多様（　　）

無　未　感
性　的　不

3 次の熟語と同じ構成の熟語を、二字熟語はA、三字熟語はBの□から選んで書きなさい。（5点×6）

(1) 独房《どくぼう》（　　）
(2) 換金《かんきん》（　　）
(3) 乾燥《かんそう》（　　）
(4) 企画書《きかくしょ》（　　）
(5) 真善美（　　）
(6) 大歓声《だいかんせい》（　　）

A

鍛錬《たんれん》　離合《りごう》　祝宴《しゅくえん》　発汗《はっかん》

B

衣食住　急斜面《きゅうしゃめん》　呉服店《ごふくてん》

得点UP

1 (1)～(8)のほか、「上々」「脈々」のように**同じ漢字を重ねた構成**の熟語などもある。

3 (1)「独房」は、「刑務所《けいむしょ》で罪人を一人で入れておく部屋」の意味。「独《ひと》りの房《ぼう》」と意味を説明できることに注目。

活用する自立語

点
合格点：80点／100点

1

次の□の活用する自立語（用言）を、(1)～(3)の品詞に分類し、それぞれの（　）に二つずつ書きなさい。（6点×6）

狭《せま》い　咲《さ》く　損だ　押《お》す　見事だ　粗《あら》い

(1) 動詞（　　・　　）
(2) 形容詞（　　・　　）
(3) 形容動詞（　　・　　）

2

次の各文の――の動詞が、自動詞ならア、他動詞ならイと答えなさい。（5点×4）

(1) これまでの計画が崩《くず》れる。（　　）
(2) 世間を驚《おどろ》かすニュースが流れる。（　　）
(3) 友人にプレゼントを渡《わた》す。（　　）
(4) 雨にぬれた洋服が乾《かわ》く。（　　）

3

次の各文の――の言葉が、形容詞ならア、形容動詞ならイと答えなさい。（5点×4）

(1) 歌手が華《はな》やかなステージに立つ。（　　）
(2) ひどい雷《かみなり》と暴風雨で、恐《おそ》ろしかった。（　　）
(3) 彼《かれ》の素行が怪《あや》しければ、調査しよう。（　　）
(4) 採れたての野菜が新鮮《しんせん》でおいしかった。（　　）

4

次の各文の――の言葉が、動詞ならア、補助動詞ならイ、形容詞ならウ、補助形容詞ならエと答えなさい。（6点×4）

(1) 母は今、出かけている。（　　）
(2) 母には、年の離《はな》れた兄が二人いる。（　　）
(3) 僕《ぼく》は、何か打ち込《こ》める趣味《しゅみ》がほしい。（　　）
(4) 僕は、両親には仲良くしてほしい。（　　）

得点UP

❷ 自動詞は**主語の動作や変化を表す**動詞、他動詞は「何を」という**対象に働きかけ、変化を表す**動詞。
❹ 補助動詞・補助形容詞は、動詞や形容詞の本来の意味が薄《うす》れ、補助的に用いられる動詞や形容詞のこと。

活用しない自立語

点
合格点：80点／100点

1 次の文の——の名詞の種類を、□から選び、記号で答えなさい。（6点×5）

(1)わたしは、(2)沖縄の(3)写真を見て、美しい海に感動した。そこで、家族(4)四人で夏休みに沖縄旅行へ行く(5)ことを提案した。

(1)（　　）　(2)（　　）　(3)（　　）　(4)（　　）　(5)（　　）

ア　普通《ふつう》名詞	イ　固有名詞
ウ　数詞	エ　形式名詞
オ　代名詞	

2 次の各文の——の言葉が、副詞ならア、連体詞ならイと答えなさい。（6点×4）

(1) あと三日ではとうてい終わらない。（　　）
(2) いかなる困難にもくじけない。（　　）
(3) 彼《かれ》と会ったのはかなり昔のことだ。（　　）
(4) 昨日はとんだ災難が降りかかった。（　　）

3 次の各文の（　）に入る接続詞を、□から選んで書きなさい。（7点×4）

(1) 勉強した。（　　　）、よい点だった。
(2) 母の弟、（　　　）叔父《おじ》が遊びに来た。
(3) 明日、（　　　）明後日に出発する。
(4) がんばった。（　　　）、最下位だった。

さて	つまり	しかも	または	それに
なお	だから	しかし	なぜなら	

4 次の各文の——の感動詞の種類が、「感動」ならア、「応答」ならイ、「挨拶《あいさつ》」ならウと答えなさい。（6点×3）

(1) やあ、久しぶりだね。（　　）
(2) まあ、なんて美しい花でしょう。（　　）
(3) はい、私がこの店の責任者です。（　　）

得点UP
❷ **副詞**は主に**用言**（動詞・形容詞・形容動詞）を、**連体詞**は**体言**（名詞）だけを修飾《しゅうしょく》する。
❹ (1)～(3)のほか、「ねえ」「もしもし」など「**呼びかけ**」の感動詞もある。

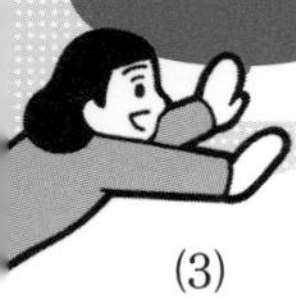

3　文法

用言の活用

点

合格点：80点／100点

1 次の動詞の活用の種類を□から選び、記号で答えなさい。（5点×6）

(1) 来る（　　）

(2) 達する（　　）

(3) 煮《に》る（　　）

(4) 教える（　　）

(5) 飲む（　　）

(6) 信じる（　　）

ア 五段活用　**イ** 上一段活用
ウ 下一段活用　**エ** カ行変格活用
オ サ行変格活用

2 次の各文の——の動詞の音便《おんびん》の種類が、イ音便ならア、促音便《そくおんびん》ならイ、撥音便《はつおんびん》ならウと答えなさい。（6点×3）

(1) 重い荷物を一人で運んだ。（　　）

(2) 毎日、厳しい練習が続いた。（　　）

(3) 今日で冬期講習が終わった。（　　）

3 次の各文の——の(1)～(3)は形容詞、(4)～(6)は形容動詞である。それぞれの活用形を答えなさい。（6点×6）

(1) 優勝してさぞうれしかろう。（　　）形

(2) 時間が遅《おそ》ければいつでもいい。（　　）形

(3) この問題はそう難しくない。（　　）形

(4) 静かな部屋でくつろぐ。（　　）形

(5) 机の中をきれいに片付ける。（　　）形

(6) 元気ならばそれでよい。（　　）形

4 次の形容詞の連用形を、「ございます」に続くような音便の形に直して、すべて平仮名《ひらがな》で書きなさい。（8点×2）

(1) 楽しい　→（　　）ございます

(2) 暑い　→（　　）ございます

得点UP

1 (2)「達する」と同じ活用の種類の動詞には、「信ずる」「興ずる」など「～ずる」のものもある。

3 活用形の判別は、下に続く言葉に注目するとよい。形容詞・形容動詞には命令形がない。

小説①

月　日

点

合格点：80点／100点

❶ 次の文章を読んで、あとの問いに答えなさい。

祖母と土蔵で生活している鮎太《あゆた》は、ある日、ハーモニカを吹《ふ》きながら歩いている、見知らぬ少女を見かけた。

鮎太がその少女を見守っているうちに、彼女《かのじょ》は次第にこちらに近寄って来たが、柿《かき》の木に登っている鮎太の姿を眼《め》に留めると、視点を据《す》えたような見入り方で、じいっと鮎太の方を見た。その黒い大きい眼が鮎太を驚《おどろ》かせた。一体この少女は何者だろうかと思った。

もしかしたら、冴子《さえこ》かも知れない、鮎太はふとそう思った。

冴子という半島の突端《とったん》の港町の女学校へ行っている少女が祖母の身内にあり、その少女の余り香《かんば》しくない評判は、この村から同じ女学校へ通っている二、三人の娘《むすめ》たちに依《よ》って、この村へ伝えられていた。

鮎太は冴子という年長の、祖母の身内だという少女を、何となく美貌《びぼう》の少女として想像していた。彼女に関する噂《うわさ》の性質からすると、彼女はどうしても美貌でなければならぬようであった。

鮎太は柿の木から降りると、土蔵の中へ駈《か》け込《こ》んだ。あのように美しい少女は、冴子でなければならぬと思ったし、あのような不良は（鮎太にはハーモニカを吹いている少女が、そう見えた）、冴子以外にはないだろうと思った。

（井上靖《いのうえやすし》「あすなろ物語」〈新潮社《しんちょうしゃ》〉より）

(1) 鮎太が柿の木に登って見守っていた少女は、鮎太の姿に気づくと、どんな見方をしたか。文章中から書き抜《ぬ》きなさい。（15点）

（　　　）

(2) 少女の「見入り方」は、鮎太をどんな気持ちにさせたか。それがわかる言葉を四字で書き抜きなさい。（15点）

□□□□

(3) ——「冴子かも知れない」とあるが、冴子と鮎太の関係がわかる言葉を探し、五字で書き抜きなさい。（15点）

□□□□□

(4) ——「冴子かも知れない」とあるが、①鮎太は冴子をどんな様子の少女だと想像していたか。②そのように想像したのはなぜか。文章中から書き抜きなさい。（①は五字で書き抜く。）（20点×2）

①□□□□□

②（　　　）

(5) ——「冴子かも知れない」少女で、ハーモニカを吹いている少女は、鮎太にはどう見えたか。それがわかる言葉を、文章中から二字で書き抜きなさい。（15点）

□□

得点UP

❶ (3) 冴子についてはいろいろな記述があるが、鮎太にとってどんな関係にある人物なのかが書かれた箇所《かしょ》を探す。
(4) ②冴子が**周囲の人々から言われていること**が、鮎太の想像の根拠《こんきょ》になっていることを押《お》さえる。

小説②

点

合格点：80点／100点

1 次の文章を読んで、あとの問いに答えなさい。

一　鮎太《あゆた》は、柿《かき》の木から降り、祖母と生活している土蔵の中へ駈《か》け込《こ》んだ。

薄暗《うすぐら》い板敷《いたじき》の横手の階段を上がって行くと、祖母の姿は見えなかったが、見慣れない鞄《かばん》が一つ、鉄の棒のはまっている北側の小さい窓の傍《そば》の畳《たたみ》の上に置かれてあった。鮎太は①やはり冴子《さえこ》がやって来たのだと思った。

②鮎太は幾《いく》らか興奮していた。二階から降りると、直《す》ぐ部落の子供たちの集《あつま》り場所になっている③青年集会所の前へ出掛《でか》けて行った。

鮎太はそこで、他の子供たちと、鉄棒にぶら下がったり、角力《すもう》を取ったりして、夕方までの時間を消したが、時々、心の中で「冴子が来た！　冴子が来た！」と思った。が、誰《だれ》にもまだそのことは口外しなかった。

そして、平生《へいぜい》より遅《おそ》く、春の日がすっかり暮れて、街道の両側にある家々に燈《ひ》が入ってから、鮎太は家へ帰って行った。

階段を上がって行くと、冴子は祖母と夕食の膳《ぜん》に向かおうとしていた。

「これが坊《ぼう》!?　思ったよりましな子じゃあないの！」

そんなことを、冴子は初めて彼女《かのじょ》の前に出た鮎太を見て、祖母に言った。明らかに敵意のこもった言葉であった。

（井上靖《いのうえやすし》「あすなろ物語」〈新潮社《しんちょう》〉より）

(1)　――①「やはり冴子がやって来たのだ」とあるが、鮎太が思ったのはなぜか。文章中の言葉を使って、簡潔に書きなさい。（20点）

（　　　　）

(2)　――②「鮎太は幾らか興奮していた。」とあるが、興奮していることが最も端的《たんてき》に表現された部分を探し、初めと終わりの五字を書きなさい。（句読点を含《ふく》む。）（完答20点）

□□□□□～□□□□□

(3)　――③「青年集会所の前」で鮎太がしたことを、漢字二字で順に二つ書き抜《ぬ》きなさい。（10点×2）

□□・□□

(4)　冴子が初めてやって来た日に、鮎太が取った普段《ふだん》とは異なる行動は、どんなことか。簡潔に書きなさい。（20点）

（　　　　）

(5)　冴子は、初めて会った鮎太にどのように接したか。文章中の言葉を使って書きなさい。（20点）

（　　　　）

得点UP

1 (2)　鮎太の興奮した心の状態が、最もよくわかる部分を探して答える。
(4)「普段とは異なる行動」ということがわかる箇所《かしょ》を探し、その行動を「～こと。」という形にまとめる。

随筆《ずいひつ》①

月　日

点

合格点：80点／100点

1　次の文章を読んで、あとの問いに答えなさい。

どこへ行っても年中赤いトマトが手に入る。それはいいが、香りがしない。

かつてのトマトは強烈《きょうれつ》なにおいがした。それで敬遠した向きも少なくない。香りのないトマトの方が食べやすいかもしれないが、香りとともにほかの養分も消えているのではないかと心配になる。

野菜はもっと野性をもっていなくてはうそである。①いまのトマトは野菜でなくなって、人工になりつつある。

自然から遠ざかれば、旬《しゅん》などというものがなくなるのはやむをえない。たいていのものが年中出まわっている。そうして②失われたものを知識の上で補おうとするかのように、人々は歳時記《さいじき》に興味をもち出した。女性の俳句熱にも目を見張るものがある。□、俳句で旬の代《かわ》りにすることはできない。

このごろのこどもは魚を食べない。骨があるからだという。肉には骨がないからいいそうだ。③こども本位の母親は魚を買わない。買えば骨のない切身《きりみ》となる。

ときには骨を立てるのも、生きて行くのに必要な用心ぶかさへの教訓になるのだが、危険を恐《おそ》れるいまの家庭にそんな理屈《りくつ》の通るわけがない。いちばん安全なのはカン詰《づめ》などの加工食品というので、そういうものばかり売れる。

（外山滋比古《とやましげひこ》「風の音」〈廣済堂《こうさいどう》出版〉より）

(1)　――①「いまの……なりつつある。」とあるが、人工になりつつあるトマトの特徴《とくちょう》を、文章中の言葉を使って、二つに分けて書きなさい。（10点×2）

(2)　――②「失われたもの」とは、何のことか。次から選び、記号で答えなさい。（20点）

ア　香り　　イ　養分
ウ　自然　　エ　旬

(3)　□に入る接続詞を次から選び、記号で答えなさい。（20点）

ア　ところで　　イ　しかし
ウ　なぜなら　　エ　そこで

(4)　――③「こども本位……となる。」とあるが、㋐母親が骨のある魚を買わないのはなぜか。㋑筆者は、骨のある魚を食べることをどう考えているか。それぞれ簡潔に書きなさい。（20点×2）

㋐

㋑

得点UP

1　(1)「かつてのトマト」の特徴を答えないように注意。
(3)　□の**前後の内容のつながり**に注目して考える。

随筆《ずいひつ》②

月　日

点

合格点：80点／100点

1 次の文章を読んで、あとの問いに答えなさい。

①"自然に帰れ"が食べものについて、いまほど切実な要請《ようせい》であるときはないのではあるまいか。

文明が進歩するにつれて、食べものもぜいたくになって料理が発達する。手のこんだ加工度の高い食べものになれた集団は知らず識《し》らずのうちに活力を低下させる。野生、自然に近いものを常食している人たちの生命力に太刀《たち》打ちできるわけがない。②いずれとって代《かわ》られることになる。そういう文明史家の説を思い出す。

文明は興《おこ》って、栄えて、やがて亡《ほろ》びる――これが歴史の示している定跡《じょうせき》であるけれども、その推進の原理は案外、日々食べているものの中にひそんでいると考えることもできる。③われわれ日本人のいまの活動力も、案外、戦中戦後の貧しい食生活でつちかわれたものであるかもしれない。

豊かになったと喜んで、自然から離《はな》れた生活をしていれば、たちまち民族の[A]を招くであろう。ちょっと先のところに行くのにも車に乗る。都市よりも田園農村の方が車が便利で、それだけ歩かなくなったというのは、文明というものの皮肉である。そのうち都会の人間の方がかえってたくましくなるということもないとは言えない。絶えず車を乗りまわしていてときどきスポーツをするというのは、あまりにも"[B]"でありすぎる。

（外山滋比古《とやましげひこ》「風の音」〈廣済堂出版《こうさいどうしゅっぱん》〉より）

(1) ――①「"自然に帰れ"……あるまいか。」とあるが、筆者がそう述べるのはなぜか。□に入る言葉を文章中から探し、書き抜《ぬ》きなさい。（20点）

・文明の進歩で食べるものがぜいたくになることで、人々は□□□□□させるから。

(2) ――②「いずれとって代られる」とは、だれがだれに代られるのか。適切なものを次から選び、記号で答えなさい。（20点）

ア 金持ちが貧乏人《びんぼうにん》に。
イ 文明人が自然に近い生活をする人に。
ウ 戦中の人が戦後の人に。
エ 都市部の人が田園農村の人に。

（　　）

(3) ――③「貧しい食生活」の内容を表している部分を文章中から探し、十三字で書き抜きなさい。（句読点を含《ふく》む。）（20点）

□□□□□□□□□□□□□

(4) □A・Bに入る言葉を次から選び、それぞれ記号で答えなさい。（20点×2）

ア 少子化　イ 弱体化
ウ 文明的　エ 野性的

A（　　）
B（　　）

得点UP

❶ (3)「われわれ日本人のいまの活動力」が「貧しい食生活でつちかわれたものであるかもしれない」とあることから、ここでは「貧しい食生活」は**悪い意味では使われていない**ことに注目。

月　日

点

合格点：80点／100点

説明文①

1 次の文章を読んで、あとの問いに答えなさい。

　外国人は、たとえ自分の側に非があると思っても、まずは自分の主張を強弁し、ときには、①横車としか思えないような理屈《りくつ》で、非を相手に押《お》しつける。そして、是非《ぜひ》は裁判で争おうというわけだ。私がアメリカで異様に思ったのは、何から何までが弁護士の出番になるということだった。

　その影響《えいきょう》を受けてか、日本でも、近頃《ちかごろ》は、すぐ弁護士に依頼《いらい》するようになった。それでも、日本人は昔ながらの習慣で、できればあやまって事を穏便《おんびん》に済ませようとする。②あやまれば相手は許してくれる、と心の奥底《おくそこ》で期待しているからだ。

　たしかに、日本人は、あやまることが大好きだ。というのが言い過ぎなら、あやまることを、それほど苦にしない、と言いかえてもよろしい。おそらくそれは、この国の社会が同質的であり、互《たが》いに気心が知れているからであろう。そこで、あやまりさえすれば許してもらえる、と、つい、そう思ってしまうのである。

　事実、あやまらないと、争いはいよいよこじれ、外国とは逆に、取り返しがつかないことになる。日本人は、事の是非よりも、むしろ当事者の「誠意」のほうを問題にする。「論より証拠《しょうこ》」などというが、証拠を詮索《せんさく》するより、□に訴《うった》えるほうを選ぶ。

（森本哲郎《もりもとてつろう》「日本語 根ほり葉ほり」〈新潮社《しんちょう》〉より）

(1) 何か争いが生じたとき、日本人はどんな対応をすることが多いか。□に入る言葉を、文章中から書き抜《ぬ》きなさい。（20点）

・□□□□という対応。

(2) ——①「横車としか思えないような理屈」とはどんな理屈か。適切なものを次から選び、記号で答えなさい。（20点）

ア 横道にそれた理屈。
イ 道理に合わない理屈。
ウ 筋道の通った理屈。

（　　）

(3) ——②「あやまれば相手は許してくれる」と日本人が思う理由を、筆者はどう考えているか。それがわかる一文を探し、初めの五字を書きなさい。（20点）

□□□□□

(4) ——②「あやまれば相手は許してくれる」とあるが、逆にあやまらないとどうなるか。文章中の言葉を使って、簡潔に書きなさい。（20点）

（　　　　）

(5) □に入る言葉を次から選び、記号で答えなさい。（20点）

ア 知性　**イ** 論
ウ 裁判　**エ** 情

（　　）

得点UP

1 (1) **日本人と外国人の対応の違《ちが》い**を押さえる。外国人は「非を相手に押しつける」とある。
(5)「証拠」は事実などに基づくもの。それとは**反対**の意味合いのものを選ぶ。

説明文②

1 次の文章を読んで、あとの問いに答えなさい。

言葉は時代につれて変わる。謝罪の言葉も最近ではいろいろ工夫され、パターン化されるようになった。そのひとつに「世間をお騒《さわ》がせして」というのがある。テレビなどで深刻な顔をして、この言葉を繰《く》り返し、深々と頭を下げる情景を見せつけられるたびに、私は①なんとも奇妙《きみょう》な気がする。まるで、世間を騒がせたので悪かった、と言っているかに見えるからである。むろん、当人もそう思っているに違《ちが》いない。

しかし、世間を騒がせることが悪いというなら、お祭りや、このところ大はやりのイベントなどは、"■の見本市"になってしまうではないか。□、これこそ世間を大騒ぎさせることを目的としているからである。同じように、世間を騒がせるものを、さらに増幅《ぞうふく》させるマス・メディア、新聞、テレビ、週刊誌などに至っては、■の最たる機関ということになろう。

もうひとつ気になるのは、②「厳粛《げんしゅく》に受けとめる」という言葉である。ことに、この表現は公《おおやけ》けの立場にある人間が、やたらに使う。たとえば、裁判などで公的立場にある側が敗れたときや、汚職《おしょく》などで人々の厳しい批判を浴びたりすると、彼《かれ》らはいちおう深刻な顔をしてみせ、「厳粛に受けとめる」とくる。私はこの表現を耳にするたびに、ああ、またか、と思う。

（森本哲郎《もりもとてつろう》「日本語 根ほり葉ほり」〈新潮《しんちょう》社〉より）

(1) ――①「なんとも奇妙な気がする」のはなぜか。文章中から書き抜《ぬ》きなさい。（15点）

（　　　）

(2) 二箇所《かしょ》の■に共通して入る言葉を次から選び、記号で答えなさい。（20点）

ア 私《し》　イ 公《こう》　ウ 善　エ 悪

（　　　）

(3) □に入る接続詞を次から選び、記号で答えなさい。（15点）

ア けれども　イ それとも　ウ なぜなら　エ だから

（　　　）

(4) ――②「厳粛に受けとめる」とは、㋐どんな立場の人が、㋑どんな場合に使うことが多い言葉か。文章中の言葉を使って、書きなさい。（15点×2）

㋐（　　　）
㋑（　　　）

(5) この文章を、内容の上から二つに分けると、後半はどこからか。後半の初めの五字を書き抜きなさい。（20点）

□□□□□

得点UP

1 (2)「世間を騒がせることが悪い」ならお祭りなどはどうなるか、というたとえとして挙げられている表現。
(3) □の**前後の内容のつながり**と、文末の「……**から**である。」に注目して考える。

論説文①

月　日

点

合格点：80点／100点

1 次の文章を読んで、あとの問いに答えなさい。

教育を考えるときに、「育てる」、「育つ」という面から考えることが大切である。①小学校以前に存在する「幼稚園《ようちえん》」を考えると、教育における「育」の重要性をますます痛感させられるのではなかろうか。小学校に行くと、子どもたちには、算数や国語などいろいろなことが教えられる。しかし、それが可能になるには、子どもたちがそれらをしっかりと吸収できるような状態にまで「育っている」ことが必要である。

最近は後で述べるような反省が生じてきて改善されたが、ひところ、スポーツ界で問題になったことに、②中学、高校の選手を「強く」しようとしすぎて、その能力をつぶしてしまうということがあった。たとえば、野球の投手に早くから無理な変化球を投げさせると、確かに高校時代は強い投手ということで喜んでいられるが、その後で無理がたたってきて、他の人たちがどんどん強くなってゆくときに、□駄目《だめ》になってしまうというのである。つまり、選手に多くを「教えこみ」すぎて「育てる」ことを忘れるために、その才能までつぶしてしまったわけである。最近はこのような点が反省され、よい選手を「育てる」ための条件がよく考えられている。

（河合隼雄《かわいはやお》「子どもと学校」〈岩波書店《いわなみしょてん》〉より）

(1) ——①とあるが、「幼稚園」の子どもたちに「育」が重要だとするのはなぜか。□に入る言葉を文章中から書き抜《ぬ》きなさい。（10点×4）

・小学校に入ってから□□□□□いろいろなことを、□□できるくらいにまで□□□□□ことが□□だから。

(2) ——②とあるが、中学、高校の選手を「強く」しようとして行った例として、どんなことを挙げているか。文章中の言葉を使って書きなさい。（20点）

（　　　　）

(3) ——②とあるが、そのような結果を生んだ根本的な原因は、どんなことか。文章中の言葉を使って書きなさい。（20点）

（　　　　）

(4) □に入る副詞を次から選び、記号で答えなさい。（20点）

ア　ずっと　　イ　むしろ
ウ　たとえ　　エ　決して

（　　）

得点UP

❶ (2) 選手を「強く」する目的で行われてきたことを、具体的に答える。
(3) **反省すべきこと**として挙げられている、選手への旧来の教育の姿勢について述べられた部分に注目。

論説文②

月　日

点

合格点：80点／100点

1 次の文章を読んで、あとの問いに答えなさい。

私は心の悩《なや》みをもった人たちの相談をしているが、思春期になって大きい問題をかかえている子どもたちを連れてきた親が、「この子は小さい頃《ころ》は何でもできる、よい子だったのです」と、①その子の「よい子」ぶりを強調されるのを聞くと、胸が痛む思いがする。親は「よい子」をつくりたくて、たくさんのことを教えこんだのだろうが、そのためにその子は、大変な苦悩《くのう》をかかえこまされ、成長の過程が歪《ゆが》まされてしまったのである。その子自身に自ら育ってゆく力のあることを忘れ、その力を奪《うば》うようなことをしてきてしまったのである。

教育における「育」の重要性を教育に関係するすべての人がもう一度考え直すべきである、と思っているが、幼児の教育においては特にそれが大切であると言えるだろう。ところが、いざ実際にとなると、これがなかなか難しいのである。

「A」ことになると、教材をどうするか、計画をどのように立てるかなどと考えることもすることもたくさんある。しかし、「B」となるとどうするのか。ましてや、子どもが自分で「育つ」などと言い出したら、教師など不要ではないか。子どもが勝手に育つのなら、放っておけばいいのではなかろうか。ところが②そうとはいえないのである。

（河合隼雄《かわいはやお》「子どもと学校」〈岩波《いわなみ》書店〉より）

(1) ――①「その子の……思いがする」とあるが、筆者が「胸が痛む思いがする」のはなぜか。次から適切なものを選び、記号で答えなさい。（20点）

ア 子どもが親の期待に応えようとしないから。
イ 親の教育が子どもの負担となったから。
ウ 親と子どもの価値観が全く合わないから。
エ 親が子どものことを大切に思わないから。

（　　）

(2) 幼児の教育において、特に大切だと筆者が述べているのは何か。文章中から書き抜《ぬ》きなさい。（20点）

（　　）

(3) A・Bに入る言葉を次から選び、それぞれ記号で答えなさい。（20点×2）

ア 知らせる　イ 教える
ウ 育てる　エ 認める

A（　　）　B（　　）

(4) ――②「そうとはいえない」の「そう」の指す内容を、簡潔にまとめて書きなさい。（20点）

（　　）

得点UP

❶ (1) 親が、「よい子」をつくりたくて、たくさんのことを教えこんだことによって、子どもはどうなってしまったのかを読み取る。

短歌

月　日

点

合格点：80点／100点

1　次の短歌を読んで、あとの問いに答えなさい。

A
のど赤き*玄鳥《つばくらめ》ふたつ*屋梁《はり》にゐ《（い）》て足乳根《たらちね》の母は死にたまふ《（もう）》なり
斎藤茂吉《さいとうもきち》

B
白鳥《しらとり》は<u>かなしからずや</u>空の青海のあを《（お）》にも染まずただよふ《（う）》
若山牧水《わかやまぼくすい》

C
夏のかぜ山よりきたり三百の牧《まき》の若馬耳ふかれけり
与謝野晶子《よさのあきこ》

D
*くれなゐ《（い）》のⓐ二*尺のびたる薔薇《ばら》のⓑ芽のⓒ針やはら《（わ）》かに春《はる》雨《さめ》のⓓ降る
正岡子規《まさおかしき》

E
夕焼け空焦《こ》げきはま《（わ）》れる下にしてこほ《（お）》らんとする湖《うみ》の静けさ
島木赤彦《しまきあかひこ》

*玄鳥…つばめ。
*屋梁…柱の上に渡《わた》した、屋根を支える木。
*くれなゐ…鮮《あざ》やかな赤色。
*尺…昔の長さの単位。一尺は約三十・三センチメートル。

(1)　Bの短歌の――「かなしからずや」の意味として適切なものを次から選び、記号で答えなさい。（10点）
ア　かなしいだろうか。
イ　かなしくないにちがいない。
ウ　かなしくないのだろうか。
（　　）

(2)　Dの短歌の〰〰ⓐ～ⓓの「の」の中で、一つだけ用法の違《ちが》うものを選び、記号で答えなさい。（15点）
（　　）

(3)　次の特徴《とくちょう》に当てはまるものを、A～Eの短歌から選び、記号で答えなさい。（10点×5）
①　字余り　（　　）・（　　）
②　二句切れ　（　　）・（　　）
③　体言止め　（　　）

(4)　A～Eの短歌のうち、枕詞《まくらことば》が使われている句を探し、その枕詞を書き抜《ぬ》きなさい。（10点）
（　　）

(5)　A～Eの短歌のうち、生と死が対照的に描《えが》かれ、深い悲しみが伝わってくるものはどれか。記号で答えなさい。（15点）
（　　）

得点UP
1　(3)　①短歌の定型五・七・五・七・七より**音数が多い句**を探す。②**二句目でいったん意味が切れる**ものを探す。
(4)　「枕詞」は、**ある特定の語の前に置き、その語を導いたり語調を整えたりする**言葉。

古文①

点

合格点：80点／100点

1 次の文章を読んで、あとの問いに答えなさい。

九月《くぐわつ》*ばかり、*夜《よ》ひと夜*降りあかしつる雨の、今朝はやみて、朝日いとけ*ざやかにさし出《い》でたるに、*前《せん》栽《ざい》の露《つゆ》はこぼるばかりぬれかかりたるも①いとをかし。*透《すい》垣《がい》の*羅《ら》文《もん》、軒《のき》の上などは、*かいたるくもの巣のこぼれ残りたるに、雨のかかりたるが、白き玉をつらぬきたるやうなるこそ、*いみじう②あはれにをかしけれ。

すこし日*たけぬれば、萩《はぎ》などのいと重げなるに、露の落つるに、③枝うち動きて、人も手ふれぬに、ふと*かみざまへあがりたるも、いみじうをかし、と言ひたることどもの、④人の心には⑤*つゆをかしからじと⑥思ふこそ、またをかしけれ。

（清少納言《せいしょうなごん》「枕草子《まくらのそうし》」より）

＊ばかり…～あたり。～ぐらい。
＊夜ひと夜…一晩中。
＊降りあかしつる雨…降り通した雨。
＊けざやかに…きわだって。はっきりと。
＊前栽…庭先に植えた草木。
＊透垣…板や竹で、少し間を空けて透《す》かして作った垣《かき》。
＊羅文…透垣の上に付けた飾《かざ》り。
＊かいたる…張り渡《わた》した。
＊いみじう…非常に。
＊たけぬれば…高くなってくると。
＊かみざま…上の方。
＊つゆ…少しも。

(1) ――①「いとをかし」の意味として適切なものを次から選び、記号で答えなさい。（15点）

ア　非常に華《はな》やかである。
イ　非常に趣《おもむき》がある。
ウ　非常にこっけいである。

（　　）

(2) ――②「あはれにをかしけれ」を現代仮名《かな》遣《づか》いに直して書きなさい。（20点）

（　　）

(3) ――③「枝うち動きて」とあるが、何の枝が動いたのか。文章中から書き抜《ぬ》きなさい。（15点）

（　　）

(4) ――④「人」とはだれのことか。次から選び、記号で答えなさい。（15点）

ア　筆者　　イ　昔の人
ウ　読者　　エ　ほかの人

（　　）

(5) ――⑤「つゆをかしからじ」の内容が書かれた部分を探し、初めと終わりの三字を書きなさい。（完答20点）

□□□～□□□

(6) ――⑥「思ふこそ、またをかしけれ」から係りの助詞を書き抜《ぬ》きなさい。（15点）

（　　）

得点UP

1 (5)　筆者は、「をかし」としている内容である。
(6)　係りの助詞には、ほかに「**ぞ・なむ・や・か**」などがある。これらがあると**文末は終止形以外**で結ばれる。

古文②

月　日

点

合格点：80点／100点

1 次の文章を読んで、あとの問いに答えなさい。

*高名《かうみやう》の木のぼりと言ひしをのこ、人を*おきてて、高き木に登せて梢《こずゑ》を切らせしに、いと危《あや》ふく見えしほどは言ふこともなくて、降《お》るるときに、*軒丈《のきたけ》ばかりになりて、あやまちすな、心して降りよ。と言葉を*かけはべりしを、

「*かばかりになりては、飛び降るとも①降りなん。いかにかく言ふぞ。」

と②申しはべりしかば、

「そのことにⓐ候《さうら》ふ。*目くるめき、枝危ふきほどは、おのれが恐《おそ》れはべれば申さず。あやまちは、*やすきところになりて、必ず*仕《つかまつ》ることに候ふ。」

と言ふ。

*あやしきⓑ下臈《げらふ》なれども、③聖人の戒《いまし》めにかなへり。*鞠《まり》も、難《かた》きところを蹴出《けいだ》して後、やすく思へば、必ず落《お》つとは*べるやらん。

（兼好法師《けんこうほうし》「徒然草《つれづれぐさ》」より）

*高名の木のぼりと言ひしをのこ…木登りの名人と言われていた男。
*おきてて…指示して。　*軒丈ばかり…軒の高さくらい。
*かけはべりしを…かけましたのを。
*かばかり…このぐらい。　*目くるめき…目がくらみ。
*やすきところ…容易なところ。　*仕る…いたす。します。
*あやしき下臈…身分の低い者。
*鞠…蹴鞠《けまり》（貴族を中心に行われた遊び）のこと。
*はべるやらん…言われているようです。

(1)　〰ⓐ「候ふ」、ⓑ「下臈」を現代仮名遣《かなづか》いに直して、すべて平仮名で書きなさい。（15点×2）

ⓐ（　　　）　ⓑ（　　　）

(2)　――①「降りなん」の意味として適切なものを次から選び、記号で答えなさい。（15点）

ア　降りてしまうにちがいない。
イ　降りられないはずだ。
ウ　降りることができるだろう。

（　　　）

(3)　――②「申しはべりしかば」とあるが、だれがだれに言ったのか。次から選び、記号で答えなさい。（15点）

ア　木登りの名人が弟子に。
イ　筆者が木登りの名人に。
ウ　聖人が木登りの名人に。

（　　　）

(4)　文章中から「　」のついていない会話文を探し、初めと終わりの三字を書きなさい。（句読点を含《ふく》む。）（完答20点）

□□□～□□□

(5)　――③「聖人の戒めにかなへり」とあるが、聖人の教訓と一致《いっち》する、木登りの名人の言葉として最も適切な一文を探し、初めの五字を書きなさい。（20点）

□□□□□

得点UP

1　(4)　会話文は、「**～と**」「**～とて**」という語の前にある場合が多いので、それに注目して探すとよい。
(5)　――③の前の部分の「**あやしき下臈**」は**木登りの名人**のこと。木登りの名人の言葉に注目。

漢詩

点

合格点：80点／100点

1 次の漢詩を読んで、あとの問いに答えなさい。

①絶句《ぜっく》　杜甫《とほ》

*江《かう》は*碧《みどり》にして鳥は*逾《いよい》よ白く
山は青くして花は*然《も》えんと欲《ほつ》す
②今春*看《みすみ》す又《また》過ぐ
*何《いづ》れの日か*是《こ》れ帰年ならん

江ハ碧ニシテ鳥ハ逾ヨ白ク
山ハ青クシテ花ハ欲ス㆑然エント
今春看ス又過グ
何レノ日カ是レ帰年ナラン

*江…川。
*碧…深緑色。
*逾よ…ますます。
*然えんと欲す…今にも燃え出しそうだ。
*看す…あれよあれよという間に。
*何れの日か…いつになったら。
*是れ帰年ならん…帰る年が来るのだろうか。

(1) ——①「絶句」とは漢詩のどんな形式のことか。次から選び、記号で答えなさい。（15点）

ア 句数は自由で、五言《ごごん》と七言《しちごん》がある。
イ 四句から成り、五言と七言がある。
ウ 八句から成り、五言と七言がある。

（　　）

(2) この漢詩で対句《ついく》になっている第一・二句では、何のどんな色彩《しきさい》が対応しているか。次の□に入る語を、漢詩に出てくる順に、漢字一字でそれぞれ答えなさい。（完答10点×4）

第一句…㋐□の□　㋑□の□
第二句…㋒□の□　㋓□の□

(3) ——②「今春看す又過ぐ」には、作者のどんな思いが込《こ》められているか。適切なものを次から選び、記号で答えなさい。（15点）

ア 美しい春が移ろうことへの寂《さび》しさ。
イ 穏《おだ》やかに流れる時の中で生きる安らぎ。
ウ むなしく時だけが流れることへの嘆《なげ》き。
エ 時と共に周囲のものが変化していくことへの驚《おどろ》き。

（　　）

(4) この漢詩で、作者の思いが最も強く表れているのはどの句か。書き下し文の中から書き抜《ぬ》きなさい。（15点）

（　　）

(5) この漢詩は作者がどんな状況《じょうきょう》で歌ったものか。次から選び、記号で答えなさい。（15点）

ア 旅先の春景色の美しさを思い出しながら。
イ いつもと変わらぬ故郷の春景色を見ながら。
ウ 美しい春景色を絵画に表しながら。
エ 異郷の春景色の中で遠く離《はな》れた故郷を思いながら。

（　　）

得点UP

1 (1)「五言」とは一句が五字、「七言」とは一句が七字の漢詩のこと。
(2)「対句」とは、**二つの句が、句全体の構成としても、句の中の各語としても互《たが》いに対応している**もののこと。

総復習テスト （国語）

月　日

目標時間：20分

点

合格点：80点／100点

1 次の文章を読んで、あとの問いに答えなさい。

小さいころから「よい子」だった小学校四年生のA君は、問題を抱《かか》えて、筆者のところへ母親と共に相談に来たが、筆者と自由に遊ぶ時間をもつことで、問題を乗り越《こ》えることができた。

遊びが大切だからと言っても、たとえば先ほどのA君に対して、「どこへでも行って好きなように遊んでいなさい」と放っておいても、よくはならないのである。①そこに私がいるということは、思いのほかに重要なのである。自分のⓐ行為に関心をもって見守ってくれる人が存在することによって、その子どもにⓑ潜んでいた可能性が動きはじめるのである。

自由ということを誤解する人は、子どもを放任しておくとよいと思っている。しかし、それではⓒダメである。子どもの傍《そば》にいて、関心をもって見守ってくれる人がいることが、子どもの自己実現の力が表出されてくるための要件なのである。②「関心をもって見守る」ことは、簡単なようで難しいことである。

子どもが何をしようと勝手と決めこんでいると楽であろう。［A］、関心をもって見ているとつい「手出し」をしたくなってくる。あるいは「教え」たくなってくる。

たとえば、砂をⓓホっている子がいるとする。［B］、「手でほらずにスコップを使ったら」と言ってみたり、「砂をまき散らすと、まわりの人が困るよ」と言いたくなってくる。

（河合隼雄《かわいはやお》「子どもと学校」〈岩波《いわなみ》書店〉より）

(1) ⓐ～ⓓのうち、漢字は読みを平仮名《ひらがな》で、片仮名は漢字に直して書きなさい。（6点×4）

ⓐ（　　）　ⓑ（　　）　ⓒ（　　）　ⓓ（　　）

(2) ――①「そこ」とはどこか。文章から読み取って簡潔に書きなさい。（10点）

（　　）

(3) ――①「そこ」に「私」がいることが、子どもにとって重要であることの説明をしている二つの文を探し、それぞれ初めの五字を書きなさい。（6点×2）

□□□□□・□□□□□

(4) ――②『関心をもって見守る』……難しい」とあるが、筆者はその理由をどう考えているか。文章中の言葉を使って答えなさい。（10点）

（　　）

(5) ［A］・［B］に入る接続詞の組み合わせとして適切なものを選び、記号で答えなさい。（6点）

ア　しかし―さて　　イ　ところが―すると

ウ　なぜなら―そこで

（　　）

裏面へ

2 次の文章を読んで、あとの問いに答えなさい。

「奥山《おくやま》に、*猫《ねこ》またといふものありて、人を食《く》らふなる。」
と人の言ひけるに、
「山ならねども、これらにも、猫の経《へ》上《あ》がりて、猫またになりて、人とることは*あなるものを。」
と言ふ者ありけるを、*何阿弥陀仏《あみだぶつ》とかや、連歌《れんが》しける法師の、行願寺《ぎやうぐわんじ》の辺《ほとり》にありけるが聞きて、*ひとりありかん身は心すべきことにこそ、と思ひけるころしも、ある所にて夜《よ》ふくるまで連歌して、ただひとり帰りけるに、小川《こがは》の端《はた》にて、*音に聞きし猫また、あやまたず足もとへふと寄り来て、やがて*かきつくままに、頸《くび》のほどを食はんとす。肝心《きもこころ》も失《う》せて、①防がんとするに力もなく、足も立たず、小川へころび入《い》りて、
「助けよや、猫またよや、猫またよや。」
と叫《さけ》べば、家々より、松どもともして走り寄りて見れば、このわたりに見知れる僧《そう》なり。
「②こは、いかに。」
とて、③川の中より抱《いだ》き起こしたれば、連歌の賭物《かけもの》取りて、扇《あふぎ》・小箱などふところに持ちたりけるも、水に入りぬ。*希有《けう》にして助かりたるさまにて、④はふはふ家に入りにけり。飼ひける犬の、暗けれど主《ぬし》を知りて、飛び付きたりけるとぞ。

（兼好法師《けんこうほうし》「徒然草《つれづれぐさ》」より）

*猫また…猫が年老いて大きくなり、尾《お》が二つに分かれた化け猫。
*あなるものを…あるらしい。
*〜阿弥陀仏…僧の名前。
*ひとりありかん身…一人歩きする身。
*音に聞きし…うわさに聞いた。
*かきつくままに…取り付くやいなや。
*希有にして…不思議にも。

(1) 猫またの話を聞いた法師が思ったことが書かれた部分を探し、初めと終わりの五字を書きなさい。（完答6点）

□□□□□～□□□□□

(2) ——①「防がんとする」とあるが、何からどうされるのを防ごうとしたのか。□に入る言葉を、現代の言葉で書きなさい。（5点×2）

・法師が、□□□に首の辺りを□□□□ことを防ごうとした。

(3) ——②「こは、いかに。」の意味として適切なものを次から選び、記号で答えなさい。（6点）

ア ここは一体どこだろう。
イ これは一体どうしたのか。
ウ これは一体何なのか。

（　　）

(4) ——③・④の主語を次から選び、それぞれ記号で答えなさい。（5点×2）

ア 法師　イ 猫また
ウ 近所の人　エ 山奥に住む人

③（　　）　④（　　）

(5) 法師は、何を猫またと勘違《かんちが》いしたのか。文章中から書き抜《ぬ》きなさい。（6点）

（　　　　）

物質の分解／原子と分子

月　　日

点

合格点：80点／100点

1 右の図の装置で，炭酸水素ナトリウムを加熱したら，ⓐ気体が発生し，石灰水《せっかいすい》が白くにごった。実験後，加熱した試験管にⓑ白い固体の物質が残り，試験管の内側の口付近にⓒ水滴《すいてき》がついた。（7点×5）

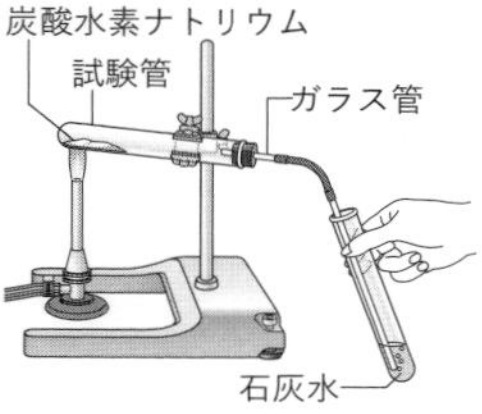

(1)　下線部ⓐの気体，ⓑの白い固体の名称《めいしょう》を書け。

ⓐ（　　　　　　）ⓑ（　　　　　　）

(2)　下線部ⓒの物質を確かめるのに使われる①青色の試験紙の名称と，②何色に変化するかをそれぞれ書け。

①（　　　　　　）②（　　　　　　）

(3)　下線部ⓑの物質が，炭酸水素ナトリウムとは別の物質であることを確かめる方法を1つ簡単に書け。（　　　　　　）

2 右の図の装置を使って，水の電気分解《でんきぶんかい》を行ったところ，両方の極から気体が発生した。（7点×5）

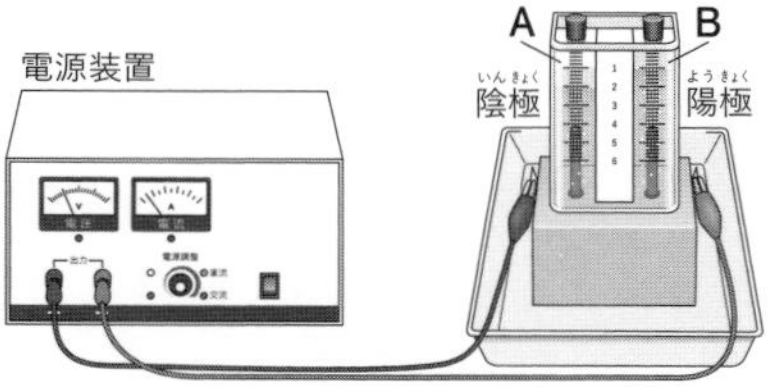

(1)　装置に入れる水溶液《すいようえき》の名称を書け。

（　　　　　　）

(2)　この実験で，水ではなく，(1)の水溶液を用いる理由を，簡単に書け。

（　　　　　　）

(3)　AとBに集まった気体の一方に，マッチの火を近づけたら，ポッと音を出して燃えた。AとBのどちらに集まった気体か。記号で答えよ。（　　）

(4)　AとBに集まった気体の名称を，それぞれ書け。　A（　　　）B（　　　）

3 右のア～オの物質について，次の問いに答えなさい。（10点×3）

(1)　ア～オの物質のうち，①単体《たんたい》，②化合《かごう》物《ぶつ》にあてはまるものをすべて選び，それぞれ記号で答えよ。

ア　酸素	**イ**　二酸化炭素
ウ　空気	**エ**　水　　**オ**　銅

①（　　　　）②（　　　　）

(2)　ア～オのうち混合物はどれか。記号で答えよ。（　　）

得点UP

1 (3)水溶液の性質を調べる薬品で，アルカリ性が強いと濃い赤色，弱いとうすい赤色を示すものを使う。

2 (1)装置に入れた水溶液にとけている物質はそのままで，分解しない。

物質の表し方／物質の結びつき

点
合格点：80点／100点

1 次の問いに答えなさい。　(5点×10)

(1) 次の元素《げんそ》の元素記号《げんそきごう》を書きなさい。

銅(　　　)　水素(　　　)　酸素(　　　)　ナトリウム(　　　)
塩素(　　　)　炭素(　　　)　鉄(　　　)

(2) 次の物質を化学式《かがくしき》で表しなさい。

二酸化炭素(　　　)　水(　　　)　塩化ナトリウム(　　　)

2 鉄と硫黄《いおう》の粉末をよく混ぜ合わせてから，試験管AとBに分けて入れ，Bだけを右の図のように加熱した。次の問いに答えなさい。　(5点×4)

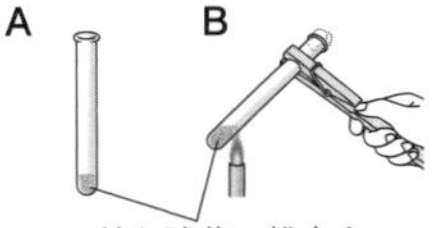

(1) Bには加熱後，何という物質ができたか。(　　　)

(2) (1)の物質は，混合物，純粋《じゅんすい》な物質のどちらか。(　　　)

(3) Bの加熱後，磁石に引きつけられるのは，AとBのどちらか。(　　　)

(4) Bの加熱後，AとBにうすい塩酸を加えたとき，においのある気体が発生するのはどちらか。(　　　)

3 右の図のように，スチールウール(A)を燃やし，燃やしたあとの物質(B)とAを比較《ひかく》した。次の問いに答えなさい。　(6点×5)

(1) AとBを比較したとき，質量が大きいのはどちらか。(　　　)

(2) 質量が大きいのは，空気中の何という物質が結びついたからか。その物質の名称《めいしょう》を書け。(　　　)

(3) AとBを比較したとき，次の①，②に記号で答えよ。

①　電流が流れるのはどちらか。(　　　)

②　うすい塩酸に入れたとき，水素が発生するのはどちらか。(　　　)

(4) 燃やしたあとの物質Bは何か。物質の名称を書け。(　　　)

得点UP

2 (4)一方の試験管からは水素，他方の試験管からは硫化水素《りゅうかすいそ》が発生する。

3 (3)Bはもとの A とは全く別の物質で，A の性質を失っている。

酸化と還元／化学変化と熱

月　日

点

合格点：80 点／100 点

1　右の図のように，銅板をガスバーナーの炎《ほのお》にかざして十分に加熱した。次の問いに答えなさい。（10点×4）

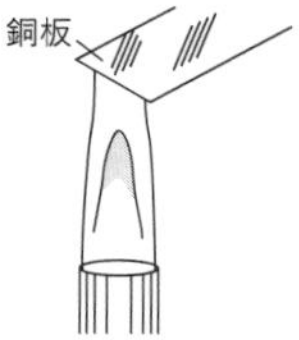

(1)　加熱によって銅と結びつく物質の名称《めいしょう》を書け。（　　　）

(2)　銅板の加熱によってできた化合物《かごうぶつ》を，化学式《かがくしき》で書け。

（　　　）

(3)　(1)の物質が結びついて起こる化学変化《かがくへんか》を，次のア～エから２つ選べ。

ア　加熱した銅線を硫黄《いおう》の蒸気の中に入れると，黒色の物質ができた。（　　　）

イ　鉄くぎを強く加熱すると，表面が黒くなった。（　　　）

ウ　酸化銀を試験管に入れて加熱すると，白っぽい物質ができた。

エ　ロウを燃やすと，石灰水《せっかいすい》を白くにごらせる気体が発生した。

2　右の図の装置で実験を行ったら，試験管内に赤色の物質が残った。次の問いに答えなさい。（9点×4）

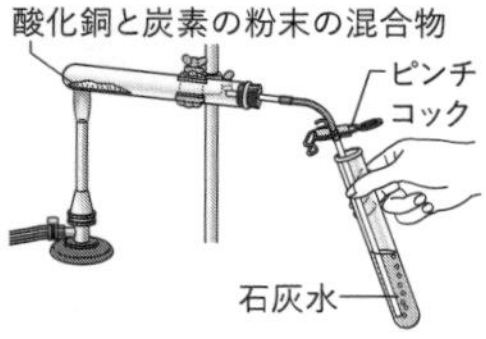

(1)　下線部の物質の名称を書け。（　　　）

(2)　(1)の物質は，酸化銅が炭素によって何をうばわれたためにできたか。元素《げんそ》名を書け。（　　　）

(3)　この実験で，試験管の中の①酸化銅，②炭素に起こった化学変化を何というか。それぞれ書け。①（　　　）②（　　　）

3　次のA～Cの化学変化で，化学変化の前とあとの温度を比べるとどうなっているか。A～Cのそれぞれについてあてはまるものを，下のア～ウから選び，記号で答えなさい。（8点×3）

A　酸化カルシウム ＋ 水 → 水酸化カルシウム（　　　）

B　鉄 ＋ 酸素 → 酸化鉄（　　　）

C　水酸化バリウムと塩化アンモニウムを混ぜると，アンモニアが発生する。（　　　）

ア　温度が下がる　　イ　温度が上がる　　ウ　温度は変わらない

得点UP

1　(2)酸素と結びついてできる物質は，酸化物《さんかぶつ》である。

2　(3)物質が酸素と結びつく化学変化を酸化《さんか》といい，酸化物が酸素をうばわれる化学変化を還元《かんげん》という。

No.69

1　化学変化と原子・分子

化学変化と物質の質量／化学反応式

点

合格点：80点／100点

1

右の図のような密閉《みっぺい》された容器の中で，うすい塩酸と炭酸水素ナトリウムを反応させた。（10点×4）

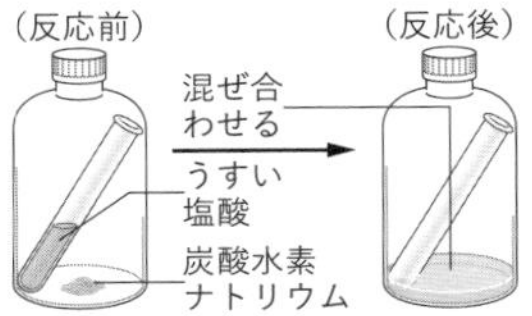

(1)　うすい塩酸と炭酸水素ナトリウムの反応で発生する気体の名称《めいしょう》を書け。（　　　　）

(2)　反応の前後で，容器全体の質量はどうなるか。次の**ア**～**ウ**から選べ。

ア　ふえる　　**イ**　減る　　**ウ**　変わらない　（　　）

(3)　(2)のようになることを述べた法則を何というか。（　　　　）

(4)　この実験を，ふたを開けたまま行うと，反応の前後で容器全体の質量はどうなるか。(2)の**ア**～**ウ**から選べ。（　　）

2

右のグラフは，金属とその金属が酸素と結びついてできた化合物《かごうぶつ》の質量の関係を表したものである。（8点×3）

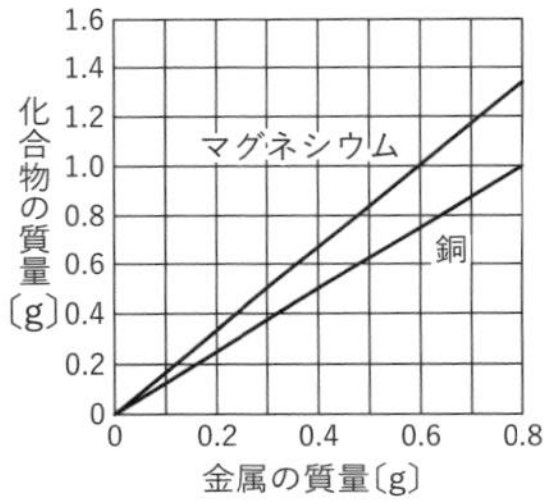

(1)　銅の質量を ℓ〔g〕，酸化銅の質量を m〔g〕，銅と結びつく酸素の質量を n〔g〕としたとき，ℓ，m，n の間の関係を1つの式で表せ。

（　　　　）

(2)　銅0.8gと結びついた酸素の質量は何gか。

（　　　　）

(3)　2.4gのマグネシウムからできる，マグネシウムの化合物の質量は何gか。

（　　　　）

3

次の化学反応式《かがくはんのうしき》の□をうめて，式を完成させなさい。（9点×4）

(1)　水の電気分解《でんきぶんかい》　$2H_2O \rightarrow$ □ $+ O_2$

(2)　鉄と硫黄《いおう》の反応　$Fe + S \rightarrow$ □

(3)　マグネシウムと酸素の反応　$2Mg + O_2 \rightarrow$ □

(4)　酸化銅の炭素による還元《かんげん》　□ $+ C \rightarrow 2Cu + CO_2$

得点UP

1　(4)容器のふたを開けたまま行うと，発生した気体が空気中へ出ていく。

2　銅と酸素の質量の比は4：1，マグネシウムと酸素の質量の比は3：2である。

生物と細胞／葉・茎・根のつくりとはたらき

点

合格点：84点／100点

1 **右の図は，植物と動物の細胞《さいぼう》をスケッチしたものである。**（7点×4）

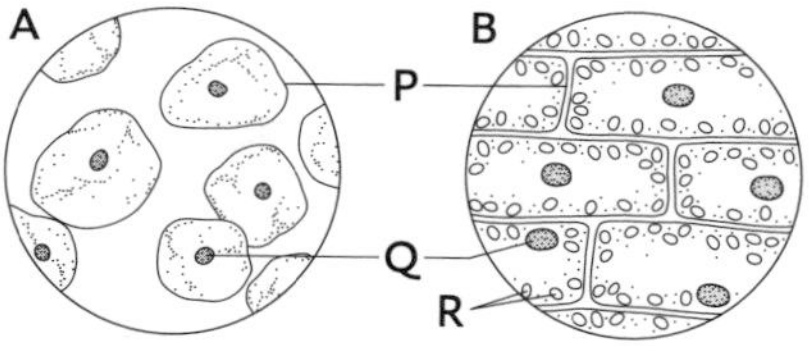

(1)　動物の細胞は，AとBのどちらか。記号で答えよ。（　　）

(2)　植物と動物に共通に見られるP，Qと，Bに見られるRについて，それぞれ名称《めいしょう》を書け。

P（　　　　）Q（　　　　）R（　　　　）

2 **同じ枚数の葉がついた枝を水が入ったメスシリンダーにさし，一定時間後の水の減少量を調べた。**（8点×3）

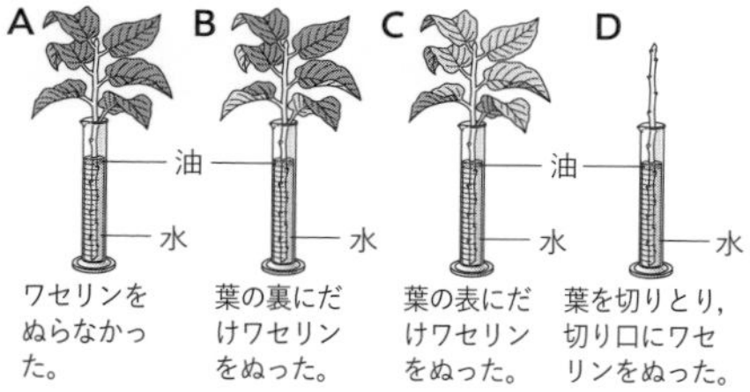

ワセリンをぬらなかった。
葉の裏にだけワセリンをぬった。
葉の表にだけワセリンをぬった。
葉を切りとり，切り口にワセリンをぬった。

(1)　B，Cで葉にワセリンをぬるのは，葉の表皮《ひょうひ》にある小さなすきまをふさぐためである。この小さなすきまを何というか。名称《めいしょう》を書け。（　　　　）

(2)　BとDの水の減少量の差は何を表しているか。（　　　　）

(3)　水の減少量が多い試験管から順に，A～Dの記号を並べよ。

（　　→　　→　　→　　）

3 **茎《くき》の断面が図1，図2の2種類の植物を右の図のように食紅《しょくべに》で着色した水にさしたあと，茎を切り断面を観察した。**（8点×6）

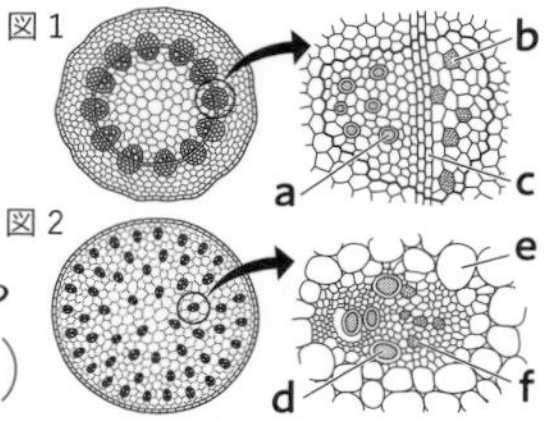

(1)　特に赤く染まる部分を図1のa～c，図2のd～fから選び，記号で答えよ。　図1（　　）　図2（　　）

(2)　葉でつくられた栄養分が通る管を，図のa～fから2つ選べ。（　　）（　　）

(3)　図2のような茎のつくりをもつ植物を，次のア～カから2つ選べ。（　　）（　　）

ア　ホウセンカ　　**イ**　イネ　　**ウ**　ヒマワリ

エ　スズメノカタビラ　　**オ**　ツバキ　　**カ**　ナズナ

得点UP

2　(1)葉の表皮にあるすきまは，開いたり閉じたりして気体の出入りを調節している。

3　(1)赤く染まる部分は，根から吸収された水や水にとけた養分の通る管で，道管《どうかん》という。

光合成と呼吸

点

合格点：80点／100点

1 ある植物のふ入りの葉の一部を，右の図のようにアルミニウムはくでおおって一晩置き，翌日に日光を十分に当てた。この葉を熱湯につけたあと，エタノールで緑色を脱色《だっしょく》して水洗いし，ある液に入れてデンプンの検出実験を行った。次の問いに答えなさい。 (10点×4)

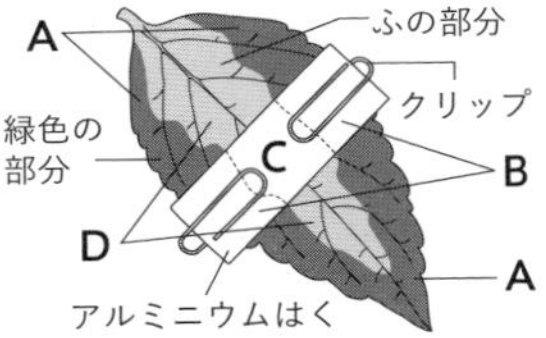

(1)　下線部のある液とはどんな薬品か，名称《めいしょう》を書け。 (　　　　)

(2)　(1)の薬品はデンプンがあると，何色に変わるか。 (　　　　)

(3)　次の①，②にあてはまる組み合わせを，図のA～Dからそれぞれ選べ。

①　光合成《こうごうせい》に光が必要であることを確かめるために比較《ひかく》する部分。

②　葉緑体《ようりょくたい》でデンプンがつくられることを確かめるために比較する部分。

①(　　　　)　②(　　　　)

2 右の図のように，青色のBTB溶液《ようえき》に十分に息をふきこんで黄色にし，その溶液を2本の試験管A，Bに分けた。試験管Aにはオオカナダモを入れ，2本の試験管に光を十分に当てると，試験管Aのオオカナダモからは，さかんに気泡《きほう》が発生し，溶液の色は①(　　)，さらに②(　　)へと変化した。 (10点×3)

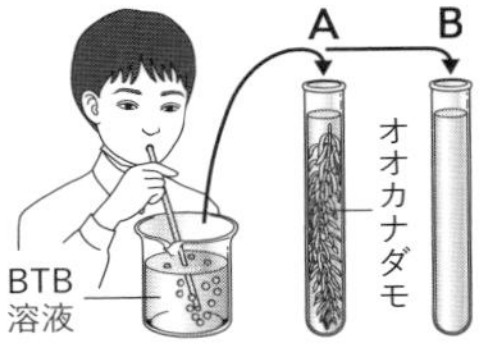

(1)　文中の①，②にあてはまる色を書け。 ①(　　　　)　②(　　　　)

(2)　下線部の気泡中で，光合成によりふえた気体の名称を書け。 (　　　　)

3 ポリエチレンの袋《ふくろ》にコマツナの葉を入れ，空気を入れてふくらませ，暗所に数時間置いたのち，袋の中の空気を石灰水《せっかいすい》に通した。次の問いに答えなさい。 (10点×3)

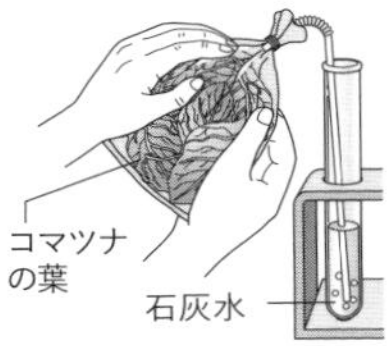

(1)　石灰水はどのように変化したか。 (　　　　)

(2)　(1)のようになったのは，何という気体が発生したからか。

(　　　　)

(3)　(2)の気体は，植物の何というはたらきによって発生したか。 (　　　　)

得点UP

1 (3)ふの部分には葉緑体がない。また，アルミニウムはくでおおった部分には日光が当たらない。

2 (1) BTB溶液は，酸性で黄色，中性で緑色，アルカリ性で青色を示す。

消化と吸収／排出

月　日

点

合格点：80点／100点

1 右の図は，ヒトの消化《しょうか》器官の模式図である。 (8点×5)

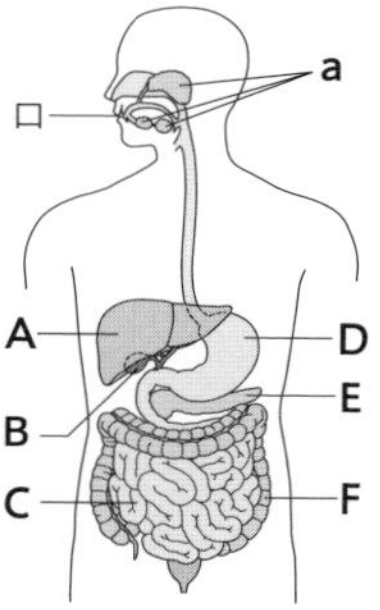

(1)　図のaから出される消化液《しょうかえき》にふくまれ，デンプンを分解する消化酵素《しょうかこうそ》を何というか。　(　　　　)

(2)　図のDから出される消化液にふくまれる消化酵素がはたらく①食物の栄養分を何というか。また，②Dの器官の名《めい》称《しょう》を書け。　①(　　　　)　②(　　　　)

(3)　脂肪《しぼう》の消化を助けるはたらきがある胆汁《たんじゅう》は，どの器官にたくわえられて出されるか。①A〜Fから選び，記号で答えよ。また，②その器官の名称を書け。　①(　　　)　②(　　　　)

2 右の図は，小腸の壁《かべ》のひだの表面にある小さな突起《とっき》を模式的に示したものである。次の問いに答えなさい。 (6点×6)

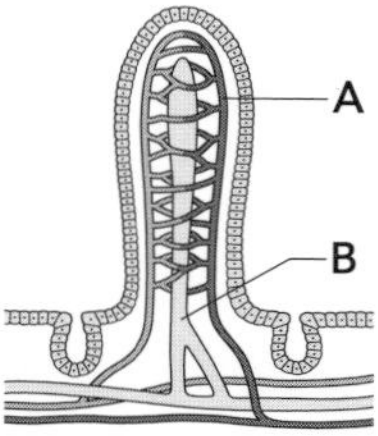

(1)　図のような小さな突起を何というか。　(　　　　)

(2)　A，Bを何というか。それぞれ名称を書け。

A(　　　　)　B(　　　　)

(3)　消化された次の①，②の栄養分が，図の突起から吸収されるとき，何という物質になっているか，それぞれ書け。

①　デンプン　　②　タンパク質　　①(　　　　)　②(　　　　)

(4)　(3)で答えた物質は，図のAとBのどちらを通って運ばれるか。　(　　　)

3 次の文の①〜④にあてはまる語を書きなさい。 (6点×4)

からだにとって有害なアンモニアは，細胞《さいぼう》から組織液《そしきえき》中に出されたのち，血液によって①(　　　　)に運ばれ，無害な②(　　　　)に変えられる。

(　②　)などの不要な物質は，③(　　　　)に送られてこし出される。こし出された物質は④(　　　)としてぼうこうに一時ためられてから，体外に排出《はいしゅつ》される。

得点UP

1　(1) aはだ液せん。デンプンはだ液のはたらきによって麦芽糖《ばくがとう》などに分解される。

2　(2) Aは血管である。Bは壁がうすく，先端《せんたん》がAの間に入りこんでいる管である。

呼吸／血液循環

点

合格点：80点／100点

1

右の図は，ヒトの肺のつくりを示したものである。次の問いに答えなさい。 (8点×3)

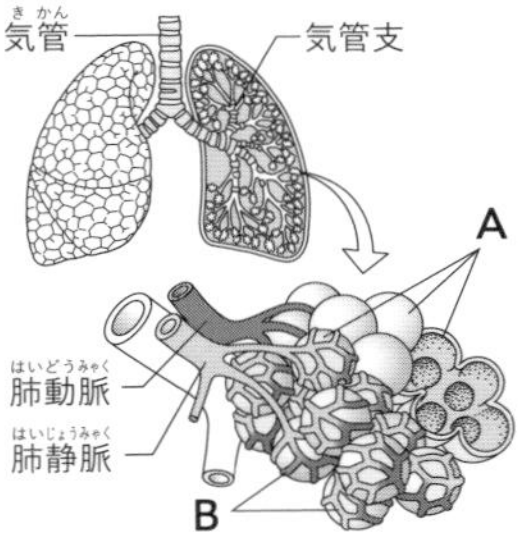

(1)　気管支《きかんし》の先にある小さな袋《ふくろ》Aを何というか。
(　　　　　)

(2)　Aをとり囲むBの血管を何というか。(　　　　　)

(3)　Aで行われていることをア，イから選べ。(　　　)

ア　空気中の酸素が血液中にとりこまれ，二酸化炭素が放出される。

イ　空気中の二酸化炭素が血液中にとりこまれ，酸素が放出される。

2

右の図は，ヒトの血液循環《じゅんかん》の一部を模式的に示したものである。次の問いに答えなさい。 (8点×7)

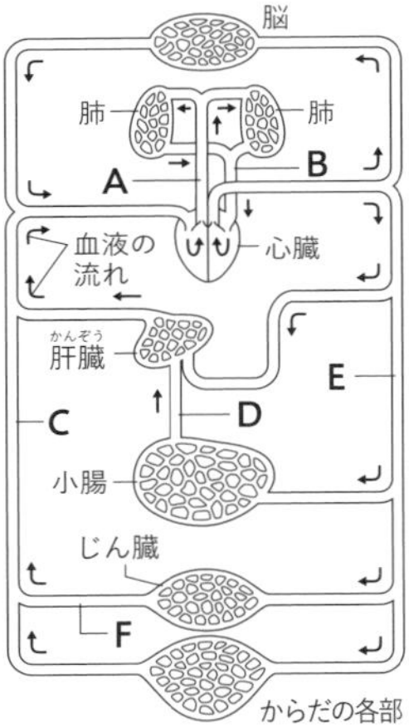

(1)　酸素を多くふくむ血液が流れている血管を，A～Fから2つ選び，記号で答えよ。(　　　)(　　　)

(2)　二酸化炭素を最も多くふくむ血液が流れている血管を，A～Fから選び，記号で答えよ。(　　　)

(3)　A～Fの血管で，①栄養分を最も多くふくむ血液が流れている血管，②尿素《にょうそ》が最も少ない血液が流れている血管を選び，記号で答えよ。①(　　　)　②(　　　)

(4)　AとBの血管を流れる血液の名称《めいしょう》をそれぞれ書け。
A(　　　　　)　B(　　　　　)

3

次の文の①～⑤にあてはまる語を書きなさい。 (4点×5)

血液は，赤色の①(　　　　　)をはじめ，②(　　　　　)，血小板《けっしょうばん》などの固形成分と，液体成分である③(　　　　　)とでできている。(①)が赤色に見えるのは，④(　　　　　)という物質がふくまれるためである。(④)は，全身に⑤(　　　　　)を運ぶはたらきをしている。

得点UP

❷ (4) Aの血管は肺動脈，Bの血管は肺静脈。動脈血《どうみゃくけつ》は動脈《どうみゃく》中を流れるとは限らない。

❸ ②は，体内に侵入《しんにゅう》した細菌《さいきん》などをとりこみ分解するはたらきを行う。

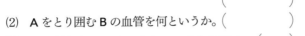

刺激と反応

点

合格点：76 点／100 点

1　**右の図は，ヒトの目の断面の模式図である。**　(9点×4)

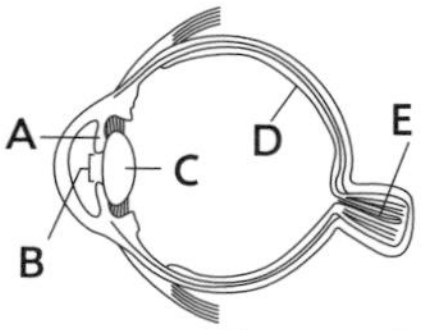

(1)　右の図で，①網膜《もうまく》，②ひとみを，A〜E から選び，それぞれ記号で答えよ。　①(　　　)　②(　　　)

(2)　次の①，②の部分を A〜E から選び，記号で答えよ。

①　光を屈折《くっせつ》させ，網膜上に像を結ぶはたらきをする部分。　(　　　)

②　周囲の明るさに応じてのび縮みして，光の量を調節する部分。　(　　　)

2　**右の図は，ヒトが刺激《しげき》を受けてから反応するまでのしくみを示したものである。**　(5点×8)

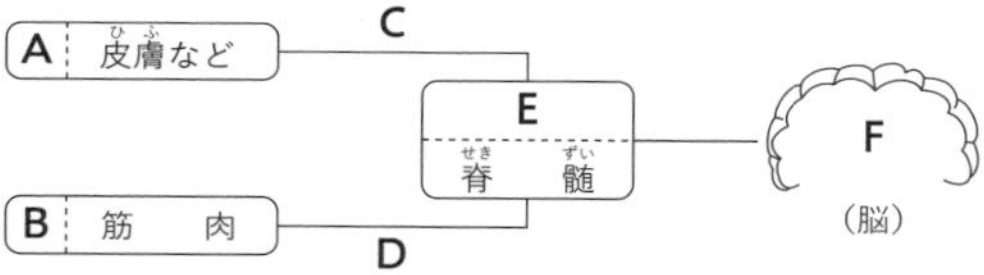

(1)　中枢神経《ちゅうすうしんけい》とよばれる部分を，A〜F から2つ記号で答えよ。　(　　　)

(2)　C，D の神経の名称《めいしょう》を書け。　C(　　　)　D(　　　)

(3)　次の①，②の反応の場合，上の図で刺激の信号が伝わる順を記号で答えよ。

①　誰《だれ》かに背後から肩《かた》をポンとたたかれたので，振《ふ》り向いた。

(　　　)

②　熱いものにうっかりさわり，思わず手を引っこめた。(　　　)

(4)　(3)の①，②の反応の感覚器官《かんかくきかん》を，次のア〜エから選び，記号で答えよ。

ア　目　**イ**　耳　**ウ**　鼻　**エ**　皮膚　①(　　　)　②(　　　)

(5)　(3)の②のような反応を何というか。名称を書け。　(　　　)

3　**右の図は，ヒトのうでの筋肉と骨格のようすを示したものである。次の問いに答えなさい。**　(8点×3)

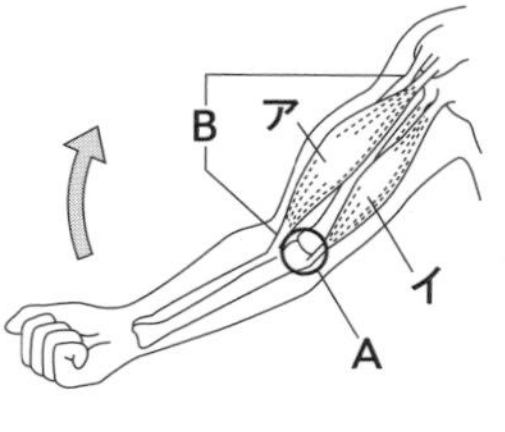

(1)　A，B の部分を何というか。名称を書け。

A(　　　)　B(　　　)

(2)　うでを，図の矢印の向きに曲げたとき，**ア**，**イ**のどちらの筋肉が縮んでいるか。　(　　　)

得点UP

2　(5)②の反応は，刺激を受けてすぐに無意識に起こる反応で，刺激を受けてから反応するまでの時間が短い。

3　(2)一方の筋肉が縮み，他方の筋肉がゆるむことで，うでを曲げたりのばしたりすることができる。

回路と電流・電圧・抵抗①

点

合格点：80 点／100 点

1　**次の文の①，②にあてはまるものを，下の図の A～C から選び，それぞれ記号で答えなさい。**　(9点×2)

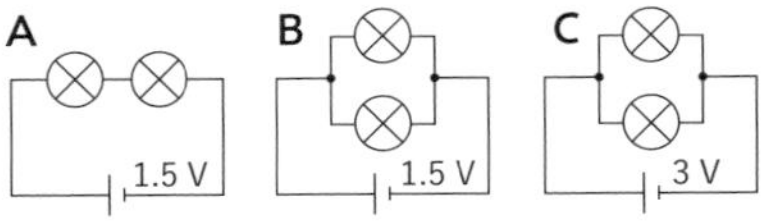

※電球はすべて同じもの。

右の図で，A と B の電球の明るさを比べると①（　　）の方が明るく，B と C の電球の明るさを比べると，②（　　）の方が明るい。

2　**電流《でんりゅう》計や電圧《でんあつ》計の指針が右の図のような場合，電流の大きさと電圧の大きさを読みとりなさい。**　(9点×2)

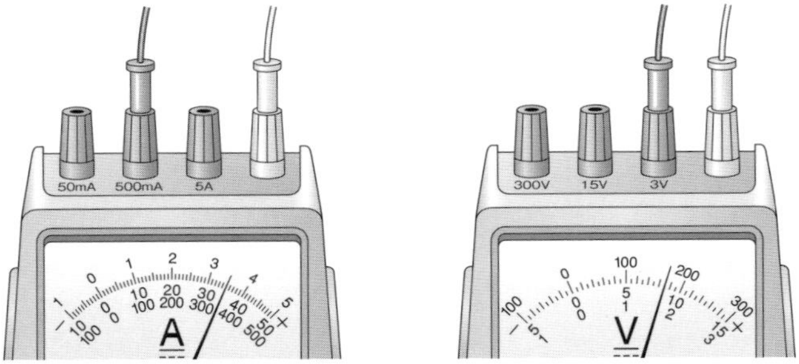

電流（　　　　）　電圧（　　　　）

3　**2本の電熱線 A，B に流れる電流と電圧の関係を調べた。次の問いに答えなさい。**　(8点×3)

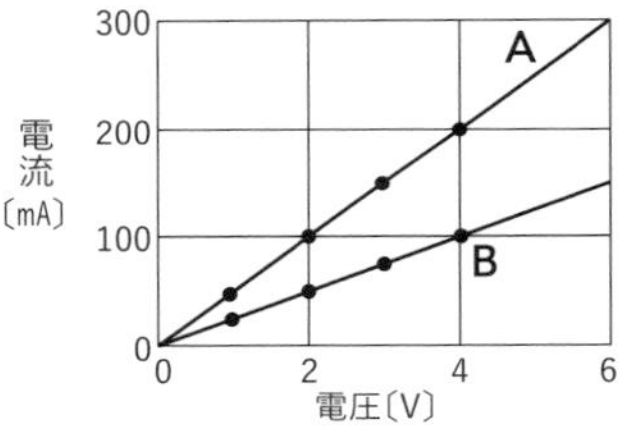

(1)　電流が流れにくいのは A，B のどちらか。記号で答えよ。（　　）

(2)　A，B の抵抗《ていこう》をそれぞれ求めよ。

A（　　　　）　B（　　　　）

4　**右の図1，図2の回路《かいろ》について，次の問いに答えなさい。**　(10点×4)

図1

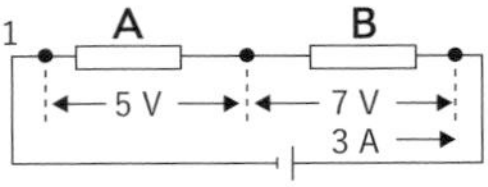

図2

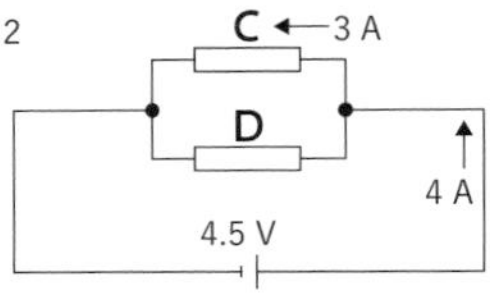

(1)　図1の回路で，電源の電圧は何 V か。（　　）

(2)　電熱線 A を流れる電流の大きさは何 A か。（　　）

(3)　電熱線 C の両端《りょうたん》に加わる電圧は何 V か。（　　）

(4)　電熱線 D を流れる電流の大きさは何 A か。（　　）

得点UP

2　電流計は最大目盛りが500 mA，電圧計は最大目盛りが3 V の端子を用いている。

3　(2)オームの法則では，電流は A の単位に直してから計算する。

回路と電流・電圧・抵抗②

月　日

点

合格点：80点／100点

1　次の問いに答えなさい。（10点×4）

図1
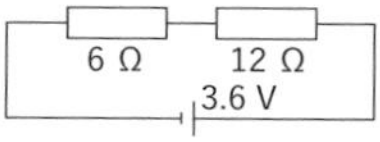

図2
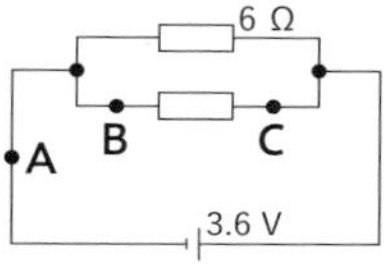

(1)　図1で，12 Ωの抵抗《ていこう》を流れる電流《でんりゅう》は何 mA か。（　　　）

(2)　図1で，6 Ωの抵抗の両端《りょうたん》に加わる電圧《でんあつ》は何 V か。（　　　）

(3)　図2で，B 点を流れる電流の大きさが 300 mA のとき，BC 間の抵抗は何Ωか。（　　　）

(4)　(3)のとき，図2の A 点を流れる電流は何 mA か。（　　　）

2　電熱線の両端に加わる電圧と電熱線を流れる電流の関係を調べるため，導線と右の図のすべての器具を使って回路《かいろ》をつくった。次の問いに答えなさい。（10点×2）

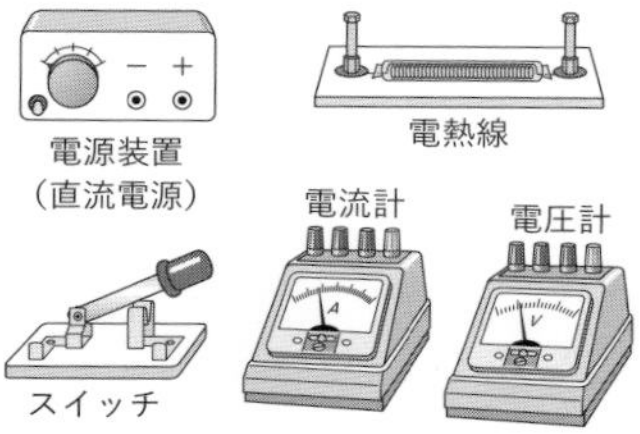

(1)　次の電気用図記号を使って，右の図の器具を正しくつないだときの回路図を□の中にかけ。

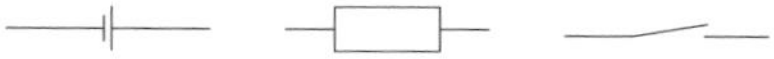

(2)　電源の電圧を 5 V にしたとき，電熱線に 0.2 A の電流が流れた。電流を 0.6 A 流すには，電源の電圧は何 V にすればよいか。（　　　）

3　図1のグラフを見て，次の問いに答えなさい。（8点×5）

図1
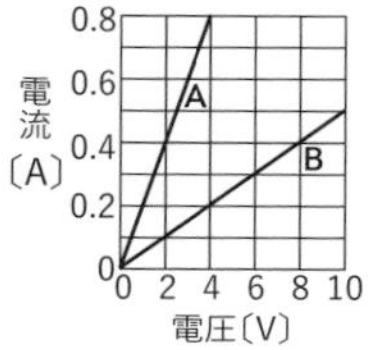

図2
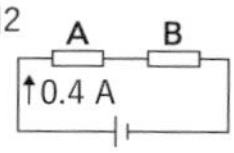

図3
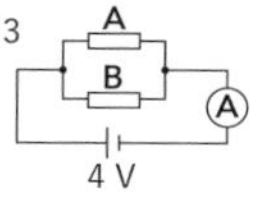

(1)　図2で，電熱線 A に加わる電圧は何 V か。（　　　）

(2)　電熱線 A の抵抗は何 Ω か。（　　　）

(3)　図2で，電源の電圧は何 V か。（　　　）

(4)　図3で，電熱線 B に流れる電流は何 A か。（　　　）

(5)　図3で，電流計は何 A を示すか。（　　　）

得点UP

2　(1)電流計は回路のはかろうとする部分に直列《ちょくれつ》に，電圧計は回路のはかろうとする部分に並列《へいれつ》につなぐ。

3　(4)電熱線 B には，4 V の電圧が加わっているので，グラフから読みとることができる。

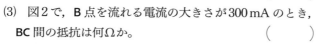

電気とエネルギー

点

合格点：75 点／100 点

1

次の問いに答えなさい。 (12点×2)

(1) 電熱線に6Vの電圧《でんあつ》を加えて3Aの電流《でんりゅう》が流れたときの電力《でんりょく》は何Wか。

(　　　　)

(2) (1)の電熱線を5分間使用したときに発生する熱量《ねつりょう》は何Jか。

(　　　　)

2

右の図のような，100Vで消費する電力が異なる電気器具がある。次の問いに答えなさい。 (13点×4)

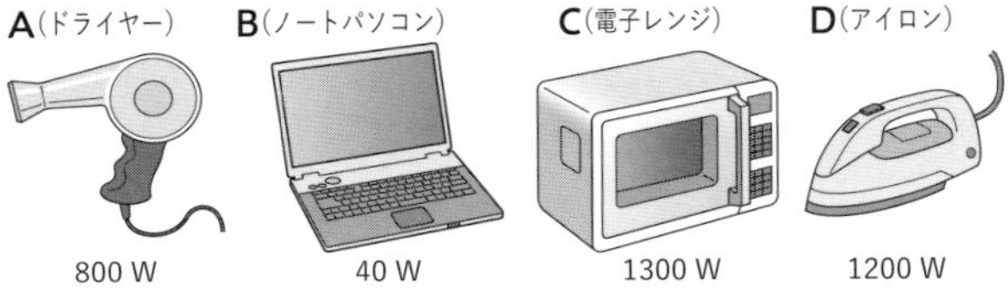

(1) 図の電気器具を，100Vのコンセントに接続して一度に使用すると，消費する電力は何Wになるか。 (　　　　)

(2) (1)のとき，流れる電流が最も大きいものを，A～Dから選び，記号で答えよ。

(　　)

(3) 図のBのノートパソコンを連続して3時間使用したときの電力量《でんりょくりょう》は，①何Jか。また，②何Whか。 ①(　　　　) ②(　　　　)

3

右の図のように，4Ωの抵抗《ていこう》の電熱線を100gの水の中に入れて，6.0Vの電圧を加え，5分間電流を流した。次の問いに答えなさい。 (12点×2)

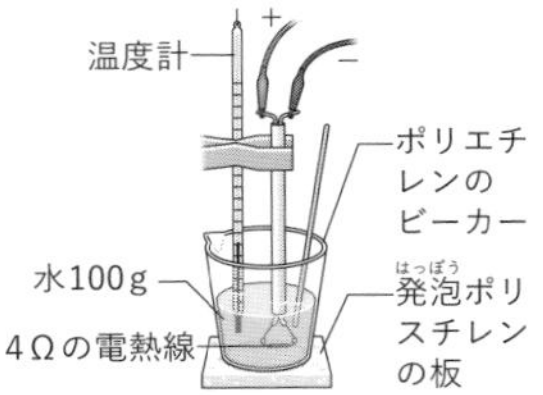

(1) 電熱線の消費電力《しょうひでんりょく》は何Wか。小数第1位まで求めよ。 (　　　　)

(2) 5分間で水温が6.4℃上昇《じょうしょう》した。電圧を2倍にして10分間電流を流すと，水温は何℃上昇するか。小数第1位まで求めよ。 (　　　　)

得点UP

❷ (1)全体の消費電力は，それぞれの消費電力の和になる。

❸ (2)電熱線の発熱量は，電力と時間の両方に比例する。

静電気と電流／放射線

月　日

点

合格点：80点／100点

1

プラスチックのストロー2本を，図1のようにティッシュペーパーで十分こすり，図2の①のように一方のストローに，もう一方のストローを近づけてみた。また，②のように，一方のストローにこすったティッシュペーパーを近づけてみた。次の問いに答えなさい。（12点×4）

図1

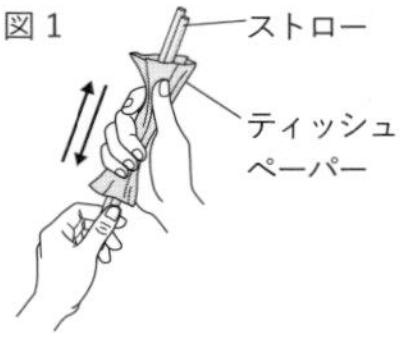

図2

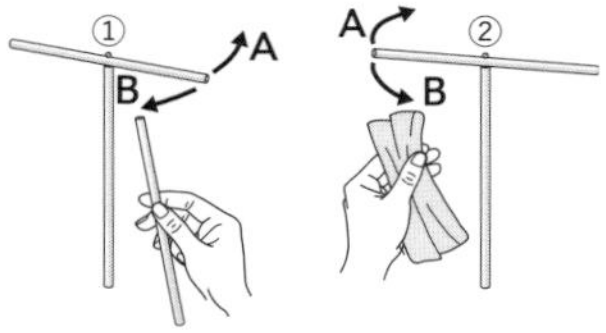

(1) 図2で，①と②の場合，ストローはA，Bのどちらに動いたか。それぞれ記号で答えよ。　①(　　　)　②(　　　)

(2) (1)から，ストローが①と②のように動いたのはどのような力がはたらいたからか。それぞれ書け。　①(　　　　　)　②(　　　　　)

2

右の図のように，真空放電管《しんくうほうでんかん》に電圧《でんあつ》を加えると，直線状に光るすじができた。（12点×3）

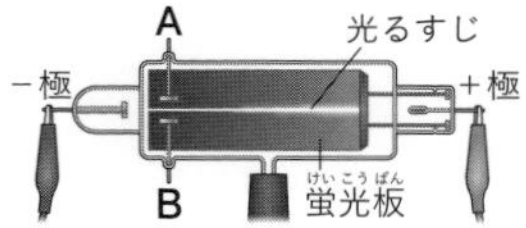

(1) 直線状に光るすじができたのは，放電管の－《マイナス》極からある粒子《りゅうし》が飛び出したからである。この粒子を何というか。(　　　)

(2) (1)の粒子は，＋《プラス》と－のどちらの電気をもっているか。(　　　)

(3) 放電管のA，Bの電極に電圧を加えたところ，直線状に光るすじは，A側に曲がった。Aにつないだのは＋極と－極のどちらか。(　　　)

3

放射線《ほうしゃせん》について，次の問いに答えなさい。（8点×2）

(1) X《エックス》線，α《アルファ》線，β《ベータ》線，γ《ガンマ》線のうち，レントゲン撮影《さつえい》で使用されているのはどれか。
(　　　)

(2) 放射線の性質にあてはまらないものはどれか。次のア～エから1つ選び，記号で答えよ。(　　　)

ア　物体を透過《とうか》する。　イ　目に見えない。
ウ　原子《げんし》の構造を変える。　エ　浴びた人から別の人へうつる。

得点UP

❶ 摩擦《まさつ》した2本のストローには同じ種類の電気が，ティッシュペーパーとストローにはちがう種類の電気がたまる。
❷ (3)同じ種類の電気はしりぞけ合い，ちがう種類の電気は引き合う。

月　日

電流と磁界

点

合格点：82 点／100 点

1 右の図1は，棒磁石のまわりの磁界《じかい》のようすを示したものである。（9点×4）

図1

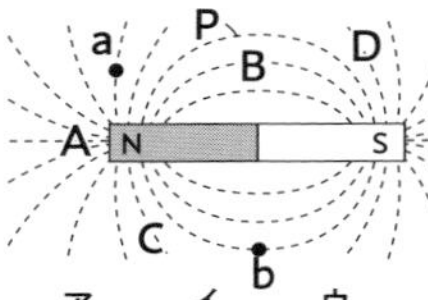

図2

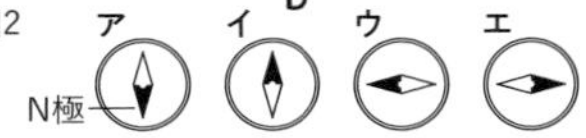

(1) 図中のPの点線を何というか。（　　　）

(2) 最も磁界が強いのはどこか。A～Dから選び，記号で答えよ。（　　）

(3) 図1のa点とb点に方位磁針を置くと，磁針の振《ふ》れはどうなるか。図2のア～エから選び，それぞれ記号で答えよ。　a（　　）　b（　　）

2 右の図のようなコイルに電流《でんりゅう》を流した。（9点×3）

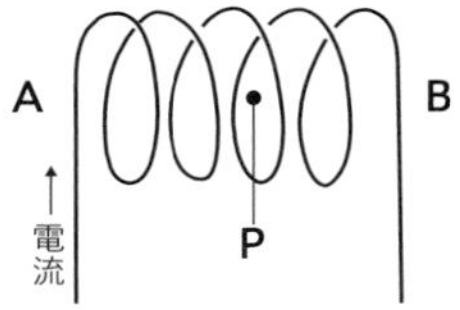

(1) コイル内のP点での磁界の向きはどちらか。A，Bの記号で答えよ。（　→　）

(2) 電磁石の場合，N極はA，Bのどちらか。（　　）

(3) コイルに流れる電流を大きくすると，磁界はどうなるか。（　　　）

3 右の図のようにして電流を流すと，金属棒は矢印⇨の向きに動いた。次の問いに答えなさい。（9点×3）

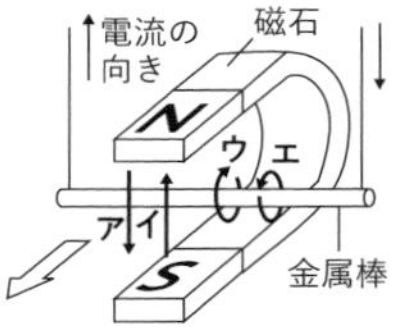

(1) ①磁石による磁界の向き，②金属棒を流れる電流による磁界の向きを，図中のア～エから選べ。

①（　　）②（　　）

(2) 磁石の向きは変えずに金属棒が動く向きを逆にする方法を書け。

（　　　　　　　）

4 発光ダイオードを電源に接続して電圧《でんあつ》を加え，暗いところで左右に振った。（5点×2）

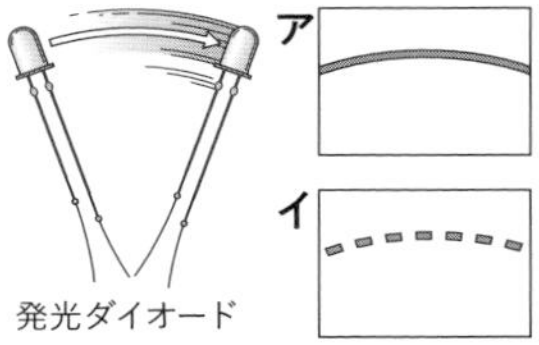

(1) 電源に乾電池《かんでんち》を用いたときの点灯のしかたは，アとイのどちらか。記号で答えよ。（　　）

(2) イのようになるのは，直流《ちょくりゅう》，交流《こうりゅう》のどちらの電源か。（　　）

得点UP

1 (3)磁石による磁界の向きは，N極から出てS極に向かう向き（磁針のN極が指す向き）である。

3 (1)②電流の向きを右ねじの進む向きとしたとき，右ねじを回す向きが磁界の向きである。

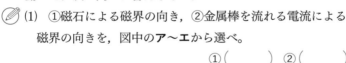

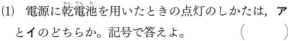

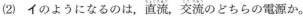

気象観測

1　右の図は，日本付近の天気図の一部である。次の問いに答えなさい。（8点×5）

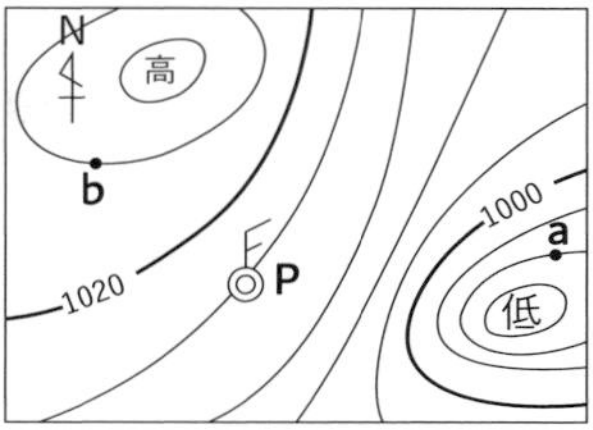

(1)　P 地点の天気，風向《ふうこう》，風力《ふうりょく》を書け。

天気（　　　）　風向（　　　）　風力（　　　）

(2)　a 地点，b 地点の気圧《きあつ》を，それぞれ単位をつけて書け。　a（　　　　）　b（　　　　）

2　右のグラフは，ある日の気温《きおん》，湿《しつ》度《ど》，気圧の変化を示したものである。次の問いに答えなさい。（8点×5）

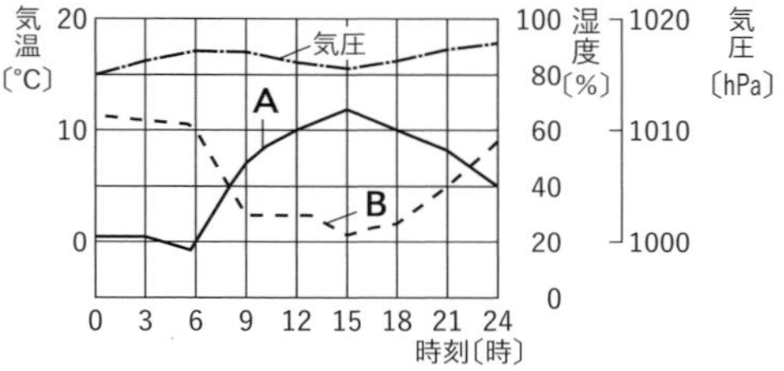

(1)　A と B は何の変化を表しているか。

A（　　　）　B（　　　）

(2)　12時の，①気温，②湿度をグラフから読みとれ。　①（　　　）　②（　　　）

(3)　グラフから，この日の天気はどうだったと考えられるか。　（　　　）

3　ある日の午前９時に，ある地点で気象観測を行ったところ，風向は南西，風力は３，天気は晴れであった。次の問いに答えなさい。（5点×4）

図1

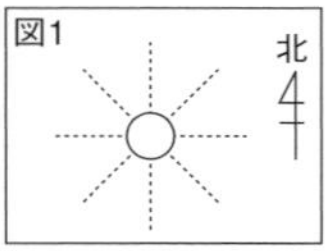

(1)　下線部を，天気図記号を用いて図１にかけ。

(2)　右の図２は，このときの乾湿計《かんしつけい》の一部を示したものである。湿度表をもとに，このときの①気温，②湿度をそれぞれ書け。　①（　　　）　②（　　　）

図２

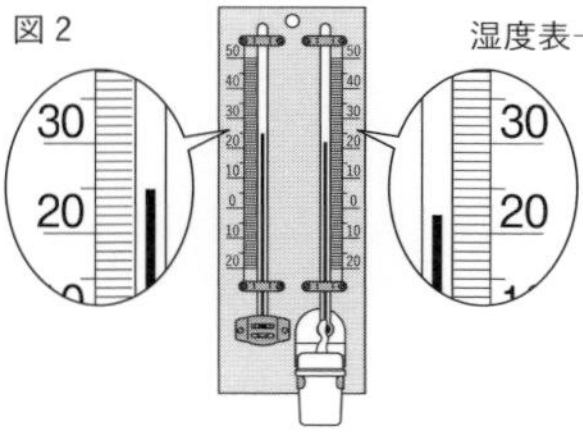

湿度表→

乾球の示度〔℃〕	乾球と湿球の示度の差〔℃〕			
	0.0	1.0	2.0	3.0
25	100	92	84	76
24	100	91	83	75
23	100	91	83	75
22	100	91	82	74
21	100	91	82	73

(3)　このときの雲量《うんりょう》は次のどれか。ア～ウから選び，記号で答えよ。

ア　0～1　　イ　2～8　　ウ　9～10　　（　　　）

得点UP

1　(2)高気圧《こうきあつ》の中心にいくほど気圧は高くなり，低気圧《ていきあつ》の中心にいくほど気圧は低くなる。

3　(2)示度の高い方が乾球《かんきゅう》（気温を示す），低い方が湿球《しっきゅう》。また，乾球と湿球の示度の差は 3.0 ℃である。

月　　日

圧力と大気圧／空気中の水蒸気

点

合格点：80 点／100 点

※100 g の物体にはたらく重力の大きさを 1 N とする。

1 **右の図のように，質量 300 g の直方体の木片を机の上に置いた。次の問いに答えなさい。** (8点×5)

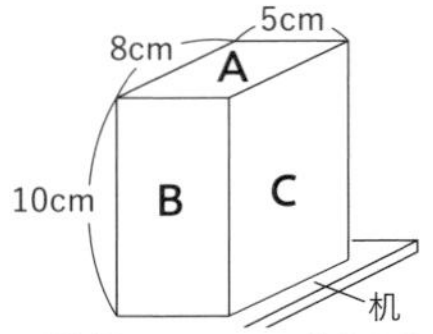

(1)　図で，木片が机を押《お》す圧力《あつりょく》は何 Pa か。(　　　　　)

(2)　木片の **C** 面を下にして置いたとき，木片が①机を押す力，②机におよぼす圧力は図のときと比べてどうなるか。次の**ア**～**ウ**からそれぞれ選べ。　①(　　)

ア　大きくなる　　**イ**　小さくなる　　**ウ**　変わらない　②(　　)

(3)　気圧《きあつ》について説明した次の文の①，②にあてはまる語を書け。

高度が高くなると，その上にある大気の重さは①(　　　　　)なるので，気圧は②(　　　　　)なる。

2 **右の図のような装置で，容器 A を強く押し，急に力をゆるめると，容器 B の中が水滴《すいてき》で白くくもった。次の文の①～③にあてはまる語を書きなさい。** (10点×3)

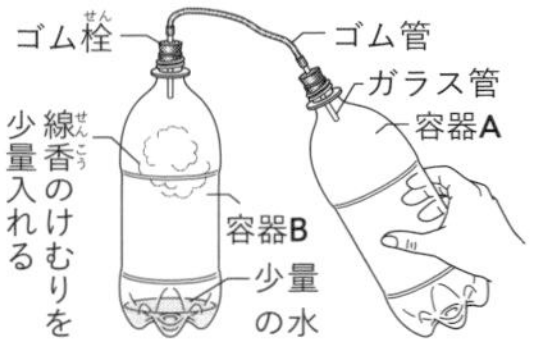

容器 B の中が白くくもるのは，容器 B 内の空気が①(　　　)し，温度がその空気の②(　　　)以下になり，水蒸気が水滴になるからである。また，雲ができるのは，空気のかたまりが上昇《じょうしょう》すると，その空気のまわりの③(　　　)が低くなるので，上昇する空気が(　①　)して温度が下がり，空気中の水蒸気が水滴や氷の粒《つぶ》になるからである。

3 **右のグラフは，気温《きおん》による飽和水蒸気量《ほうわすいじょうきりょう》の変化を表したものである。次の問いに答えなさい。** (10点×3)

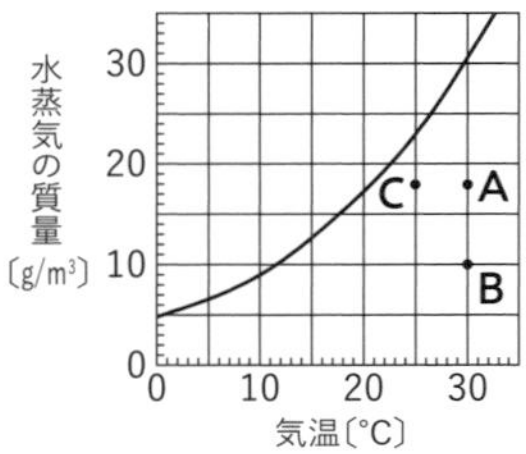

(1)　湿度《しつど》が最も高い空気は **A**～**C** のどれか。(　　　)

(2)　(1)の湿度は何%か。整数で答えよ。(　　　)

(3)　**A** の空気の温度を 10 ℃まで下げたとき，空気 1 m³ あたり何 g の水滴が生じるか。(　　　)

得点UP

2　空気は膨張《ぼうちょう》すると温度が下がる。温度が露点以下になると，空気中の水蒸気が凝結《ぎょうけつ》する。

3　(1)飽和水蒸気量は，**A**＝**B**＞**C** で，気温が低い空気 **C** が最も小さい。

月　　日

前線と天気の変化

点

合格点：80 点／100 点

1

前線《ぜんせん》のモデル実験を行うため，右の図の A と B に冷たい空気とあたたかい空気を用意し，A には線香《せんこう》のけむりを満たした。 (10点×4)

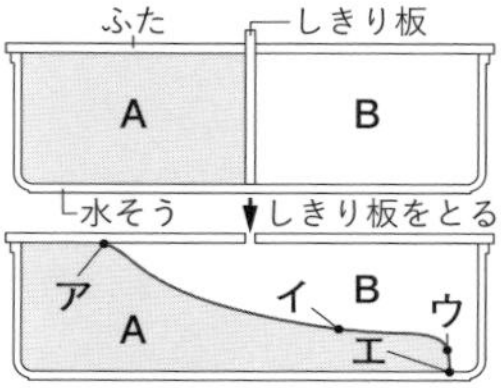

(1)　密度が大きいのは，A，B のどちらか。（　　　）

(2)　暖《だん》気《き》に相当するのは，A，B のどちらか。（　　　）

(3)　水そうの底を地表面と考えると，前線に相当するのはどこか。**ア**～**エ**の記号で答えよ。（　　　）

(4)　気温《きおん》や湿度《しつど》がほぼ一様な空気のかたまりを何というか。（　　　）

2

次の問いに答えなさい。 (10点×2)

(1)　日本付近で温帯低気圧《おんたいていきあつ》が移動する方向を選び，記号で答えよ。（　　　）

ア　北から南　　**イ**　西から東　　**ウ**　東から西　　**エ**　北東から南西

(2)　温帯低気圧が(1)のように移動するのは，日本の上空に何という風がふいているからか。（　　　）

3

右の図は，前線 A と前線 B をともなう低気圧が日本付近を通過するようすを示したものである。次の問いに答えなさい。 (10点×4)

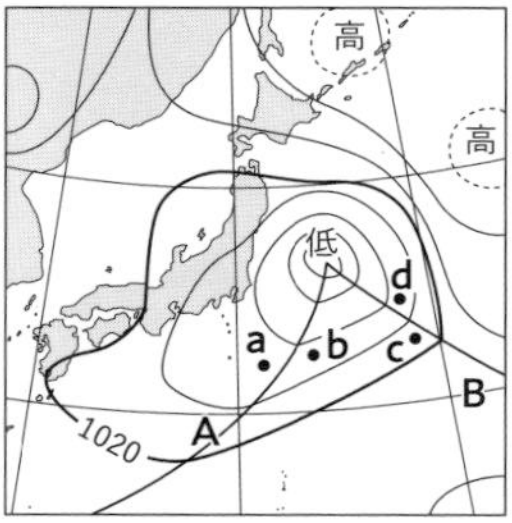

(1)　低気圧の中心付近の空気の流れを正しく表している図を，下の**ア**～**エ**から選び，記号で答えよ。（　　　）

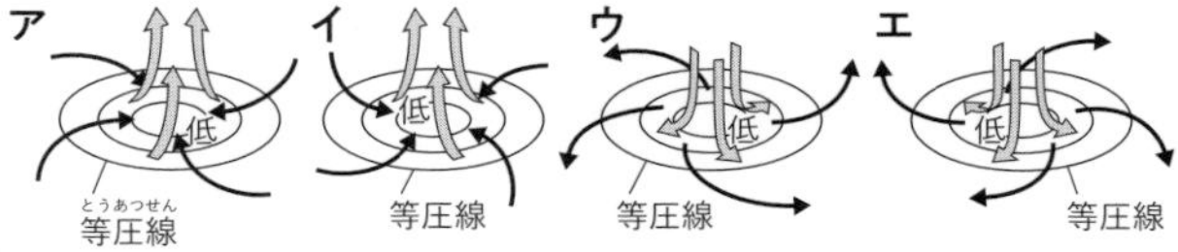

(2)　前線 A，B の天気図で表される記号を次の**ア**～**エ**からそれぞれ選べ。

A（　　　）B（　　　）

(3)　前線の通過にともない，「積雲《せきうん》状の雲が発達し，強い雨が短時間に降り，気温が急に下がった」地点はどこか。図の a～d から記号で選べ。（　　　）

得点UP

1　(3)寒気《かんき》と暖気が接する境界が前線面《ぜんせんめん》，前線面が地表と接する部分が前線である。

3　(2)日本付近を通過する前線をともなう低気圧は，東側に温暖《おんだん》前線，西側に寒冷《かんれい》前線がのびている。

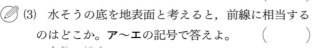

日本の気象

月　　日

点

合格点：80点／100点

1 右の図は，ある季節の日本付近の天気図である。次の問いに答えなさい。 (8点×5)

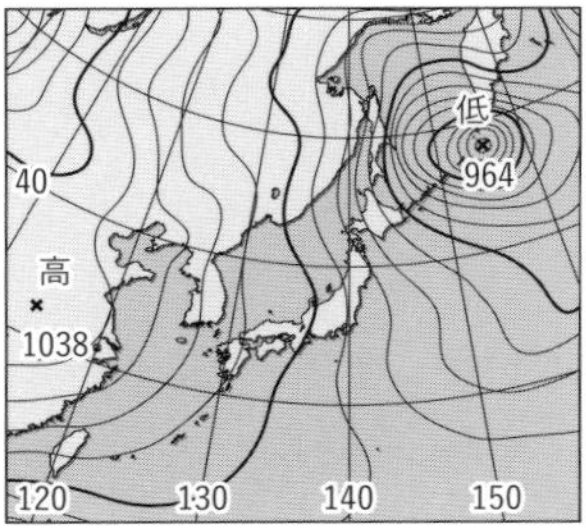

(1)　この天気図の季節はいつか。　(　　　　　)

(2)　この季節に影響《えいきょう》を与《あた》える気団《きだん》は何か。

(　　　　　　　)

(3)　次の文の①，②にはあてはまる語を，③には方位を書け。

この季節は，大陸側は①(　　　)気圧《きあつ》，海側は②(　　　)気圧になる。(①)気圧から(②)気圧に向かって風がふくので，日本付近では③(　　　　)の季節風《きせつふう》がふく。

2 次の文の空欄《くうらん》にあてはまる語を，あとのア～ケからそれぞれ選び，記号で答えなさい。 (8点×5)

日本の①(　　　)は，高気圧《こうきあつ》と低気圧《ていきあつ》が次々と交互《こうご》に通過するため，4～6日くらいの周期で天気が変わりやすい。5月中旬《ちゅうじゅん》から7月下旬にかけては，北の②(　　　)気団と北太平洋の西方にある③(　　　)気団の勢力がつり合って④(　　　)に入るが，(③)気団の勢力が強くなり(④)が明けると，日本は夏をむかえる。高気圧からふき出す⑤(　　　)の季節風がふき，むし暑い日が続く。秋には，再び天気が変わりやすくなるが，やがて高気圧におおわれて晴天が続くようになる。

ア　冬　　**イ**　春　　**ウ**　小笠原《おがさわら》　　**エ**　シベリア　　**オ**　オホーツク海
カ　つゆ　　**キ**　秋雨《あきさめ》　　**ク**　北西　　**ケ**　南東

3 右の図は，日本付近にあって日本の気象に影響を与えているおもな気団を表している。寒冷で乾燥《かんそう》している気団の記号とその名称《めいしょう》を答えなさい。 (10点×2)

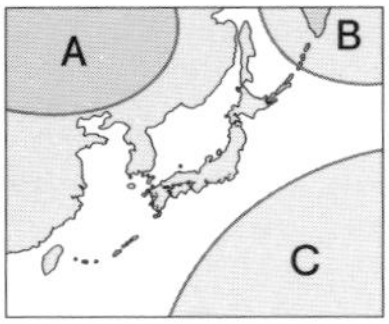

記号(　　　)　　名称(　　　　　)気団

得点UP

1 (1)等圧線《とうあつせん》が南北に走り，西高東低《せいこうとうてい》の気圧配置《きあつはいち》の季節である。

3 寒冷なのは北にある気団，乾燥しているのは陸地の上の気団である。

総復習テスト （理科）

月　日

点

目標時間：20分　合格点：80点／100点

1 右のグラフは，マグネシウムを空気中で加熱したときの，マグネシウムの質量とできた酸化《さんか》マグネシウムの質量との関係を示したものである。 (5点×4)

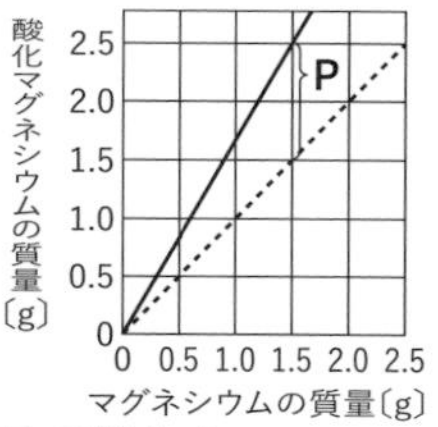

(1) マグネシウムを空気中で加熱したときの反応を，化《か》学反応式《がくはんのうしき》で書け。 (　　　　　)

(2) 図中の P は何を表しているか。次の**ア**～**エ**から選び，記号で答えよ。 (　　　)

ア まだ反応していないマグネシウムの質量

イ はじめに用意したマグネシウムの質量

ウ 反応後にできた酸化マグネシウムの質量

エ マグネシウムと結びついた酸素の質量

(3) 1.2 g のマグネシウムは，最大何 g の酸素と結びつくか。 (　　　　)

(4) 3.0 g のマグネシウムを完全に反応させると，何 g の酸化マグネシウムができるか。 (　　　　)

2 右の図1は，ヒトの消化系《しょうかけい》の略図で，図2は図1のある器官の内部を拡大したものである。 (5点×6)

図1

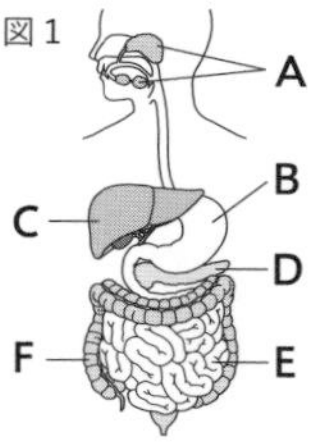

図2

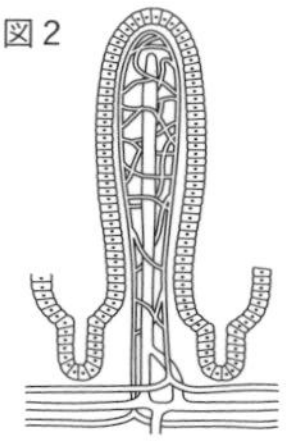

(1) B から出される消化液《しょうかえき》は何か。 (　　　　)

(2) 図2のような小さな突起《とっき》が無数に見られるのは，図1の A～F のどの器官か。 (　　　　)

(3) デンプン，タンパク質，脂肪《しぼう》の3つの栄養分を分解する消化液が出されるのはどの器官か。図1の A～F から選び，記号とその器官の名称《めいしょう》を書け。

記号 (　　　)　名称 (　　　　　)

(4) 次の**ア**～**エ**の文のうち，正しいものを2つ選び，記号で答えよ。 (　　　) (　　　)

ア 胆汁《たんじゅう》は肝臓《かんぞう》でつくられ，脂肪の消化を助ける。

イ デンプンは，ブドウ糖《とう》とアミノ酸《さん》に分解される。

ウ E を通った血液は，次にじん臓に入る。

エ 消化酵素《しょうかこうそ》は，それぞれ決まった物質にはたらく。

裏面へ

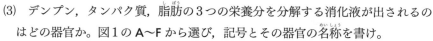

3 **右の図1の装置に導線を接続し，電熱線Pの両端《りょうたん》に加わる電圧《でんあつ》と，電熱線Pを流れる電流《でんりゅう》との関係を調べた。** （5点×4）

図1

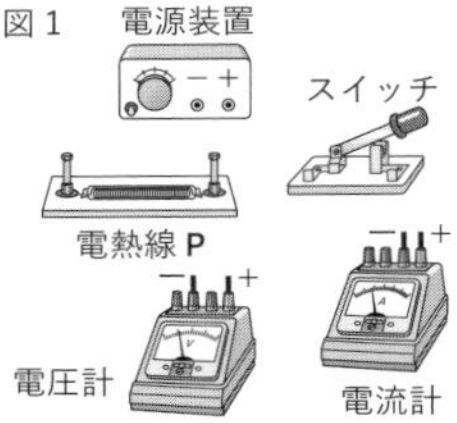

図2

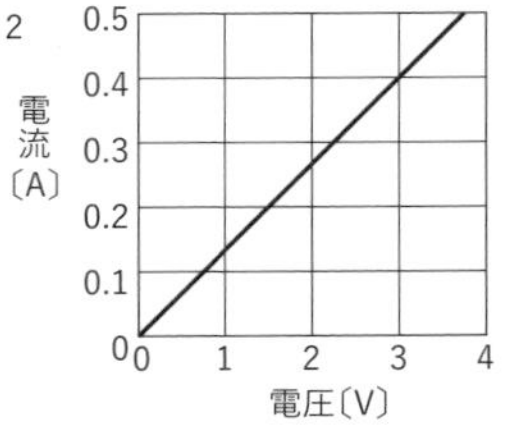

(1)　この実験ができるように，図1に導線をかき入れ，回路《かいろ》を完成させよ。

(2)　図2は，回路を完成させたあと，電熱線Pに加える電圧を変えて電熱線Pに流れる電流の大きさを調べ，その結果をグラフに表したものである。①電熱線Pの抵抗《ていこう》は何Ωか。また，②電熱線Pの両端に加わる電圧が1.5Vのとき，電熱線Pで消費される電力《でんりょく》は何Wか。　①（　　　）②（　　　）

(3)　電熱線Pと別の電熱線Qを並列《へいれつ》に接続し，3Vの電圧を加えたところ，回路全体の電流は450mAを示した。電熱線Qの抵抗は何Ωか。　（　　　）

4 **天気とその変化について，次の問いに答えなさい。** （5点×6）

(1)　ある日の午前9時の校庭での天気，風向《ふうこう》，気温《きおん》は，次のようであった。

・空全体の約半分が雲でおおわれていたが，雨は降っていなかった。
・煙突《えんとつ》のけむりは北西にたなびいており，風力《ふうりょく》2であった。
・気温は18℃で，湿度《しつど》は60%であった。

①　雲量《うんりょう》やけむりのたなびき方から考えて，このときの天気と，風向を答えよ。
天気（　　　）風向（　　　）

②　このときの空気の露点《ろてん》は何℃か。右の表を用いて求めよ。

気温〔℃〕	6	8	10	12	14	16	18
飽和水蒸気量《ほうわすいじょうきりょう》〔g/m³〕	7	8	9	11	12	14	15

（　　　）

(2)　右の図は，日本付近にある低気圧《ていきあつ》と前線《ぜんせん》を示したものである。

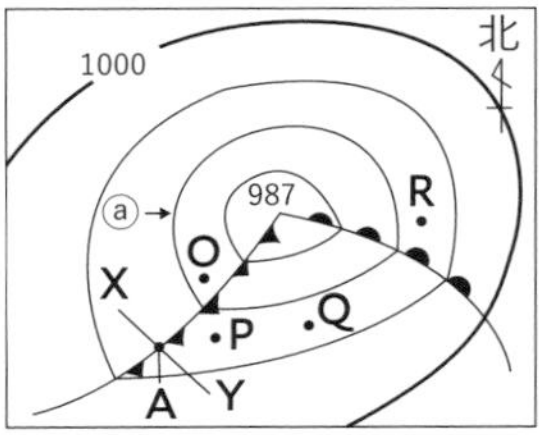

①　等圧線《とうあつせん》ⓐは，何hPaか。　（　　　）

②　図のA地点において，前線をX－Yで切ったときの断面のようすを下の**ア～エ**から選べ。（　　　）

③　やがて長時間にわたって雨が降るが，前線の通過後は南寄りの風に変わり，気温が上がるのは，図のO～Rのどの地点か。記号で答えよ。　（　　　）

身近な地域の調査

点
合格点：80点／100点

1

右の地形図を正しく説明した文を，ア～エからすべて選び，記号で答えなさい。（20点）

ア　かなざわ駅から市役所までは地図上で4cmあるので，実際の距離《きょり》は約2kmである。

イ　兼六園《けんろくえん》には，針葉樹がある。

ウ　のまち駅の北西には，発電所がある。

エ　本町のあたりには，寺院が多い。

（　　　　　）

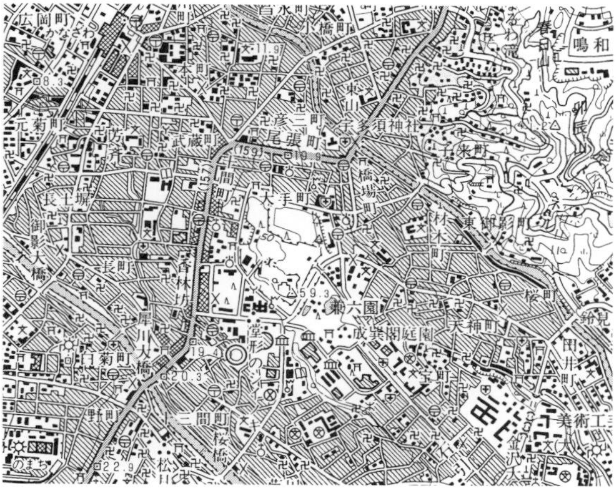

（5万分の1地形図　金沢）

2

次の各問いに答えなさい。（20点×4）

(1)　①・②の最も適した調査方法を，あとの**ア～ウ**から選び，記号で答えなさい。

①　市の中で人口が増えている地域（　　）

②　肉牛を育てる農家の仕事（　　）

ア　聞き取り調査　　**イ**　文献《ぶんけん》での調査

ウ　統計資料での調査

(2)　表をもとに右の階級区分図を完成させなさい。また，階級区分図からわかることを説明しなさい。

市町	人口(人)
一関《いちのせき》市	115,426
八幡平《はちまんたい》市	25,276
雫石《しずくいし》町	16,385

（2020年）　（2021年版「県勢」）

（　　　　　　　　　　　　　　）

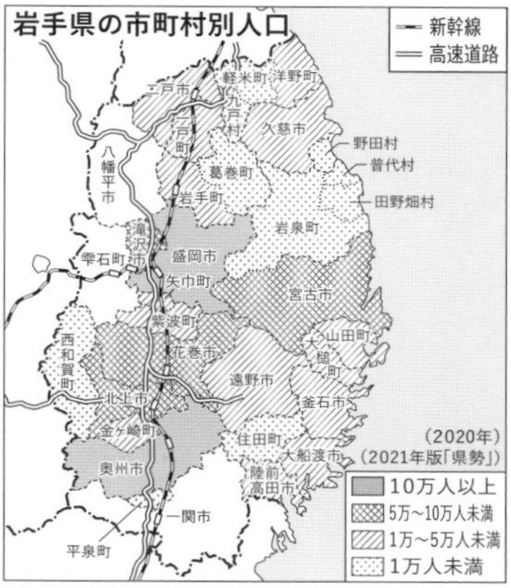

memo

❷　(2)人口の多い市町村がどこに集まっているかに注目する。

日本の地形と気候

点

合格点：78点／100点

1 右の地図を見て，次の各問いに答えなさい。

（(6)12点，他は11点×8）

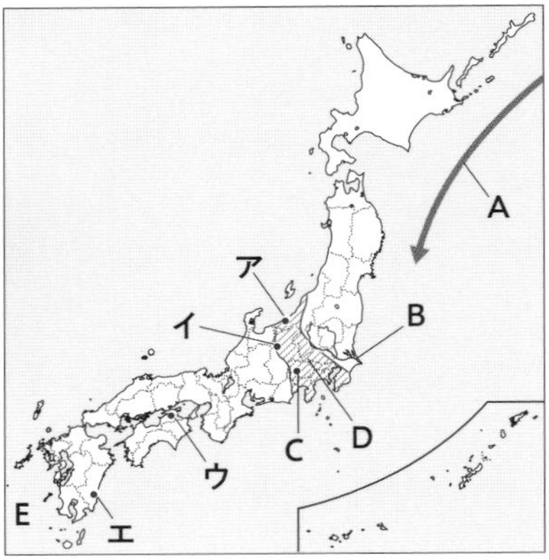

(1) 地図のAの寒流名とBの河川名をそれぞれ答えなさい。

A（　　　　　　）B（　　　　　　）

(2) 右の写真のように，地図のCの地域にみられる，平野や盆地《ぼんち》に土砂《どしゃ》がたまってできた地形を何といいますか。（　　　　　　）

(Cynet Photo)

(3) 地図にDで示した日本アルプスの東側に南北にのびる大きな溝状《みぞじょう》の地形を何といいますか。（　　　　　　）

(4) 地図のEの海域には，水深200mくらいまで緩《ゆる》やかな傾斜《けいしゃ》が続く海底がみられます。このような海底地形を何といいますか。（　　　　　　）

(5) **雨温図①**と**雨温図②**は，地図の**ア～エ**のいずれかの都市のものです。当てはまる都市を，地図の**ア～エ**から1つずつ選び，記号で答えなさい。

①（　　　）②（　　　）

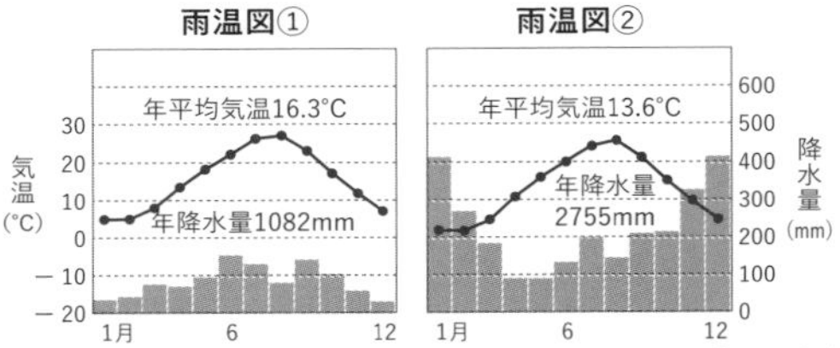

（2021年版「理科年表」）

(6) 次の文のXに当てはまる語句を答えなさい。

◇ 北海道《ほっかいどう》を除く日本列島の大部分の地域では，6～7月にかけて降水量が多くなる［　X　］という時期がみられる。（　　　　　　）

(7) 全国の都道府県や市（区）町村は，地震《じしん》や津波《つなみ》などの災害に備えて，被害《ひがい》の予測や避難《ひなん》場所などを示した地図を作成しています。この地図を何といいますか。

（　　　　　　）

得点UP

❶ (2)河川の河口付近に土砂がたまってできた地形は**三角州《さんかくす》**。

日本の人口とエネルギー

点

合格点：80点／100点

1 次の各問いに答えなさい。

((1)20点，他は10点×2)

(1) 右のグラフは，現在の日本の人口ピラミッドです。これを参考にして，現在の日本の人口の特色を「子ども」と「高齢者《こうれいしゃ》」の語句を使って答えなさい。

(　　　　　　　　　　　　　　　　　　　　)

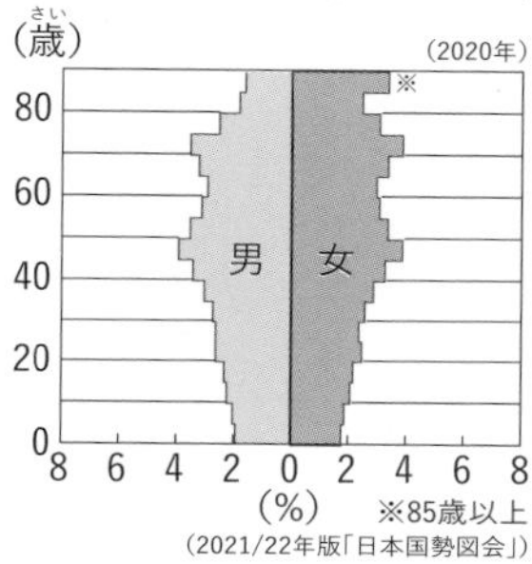

(2021/22年版「日本国勢図会」)

(2) 三大都市圏《けん》などでみられる，人口が集中した状態を何といいますか。　(　　　　　　)

(3) 三大都市圏の中心都市として**誤っているもの**を，次の**ア～エ**から１つ選び，記号で答えなさい。

ア　大阪　　**イ**　名古屋《なごや》　　**ウ**　東京　　**エ**　仙台《せんだい》　　(　　　)

2 次の各問いに答えなさい。

(12点×5)

(1) 右のグラフⅠ・Ⅱは，日本のある鉱産資源の主な輸入先の割合です。Ⅰ・Ⅱに当てはまる鉱産資源を，次の**ア～エ**から１つずつ選び，記号で答えなさい。

ア　石油（原油）　　**イ**　鉄鉱石

ウ　石炭　　**エ**　液化天然ガス

Ⅰ(　　　)　Ⅱ(　　　)

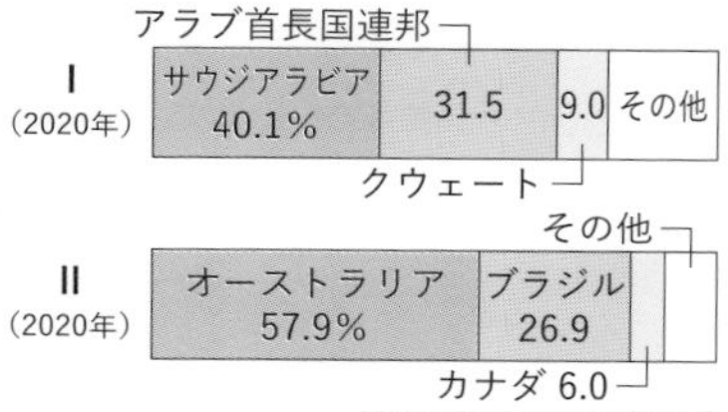

(2021/22年版「日本国勢図会」)

(2) 右のグラフⅢは，日本とフランスの発電方法別発電量の割合です。グラフⅢの**A**・**C**に当てはまる発電方法をそれぞれ答えなさい。**A**(　　　)　**C**(　　　)

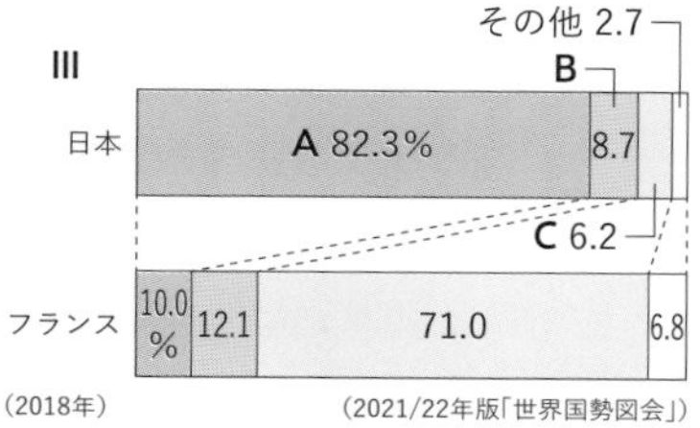

(2021/22年版「世界国勢図会」)

(3) 近年利用が進められている，太陽光や風力などの半永久的に使用することができるエネルギーを何といいますか。　(　　　　　　)

memo

2 (3)二酸化炭素の排出《はいしゅつ》量が少ないことから，環境《かんきょう》にやさしいエネルギーとして利用が進められている。

日本の産業

点

合格点：78 点／100 点

1　次の各問いに答えなさい。

（(4)12点，他は11点×8）

(1)　右のグラフは，日本の主な農作物の食料自給率の推移で，グラフのW〜Zには，小麦・野菜・果実・米のいずれかが当てはまります。W・Zに当てはまる品目は何ですか。　W（　　　）Z（　　　）

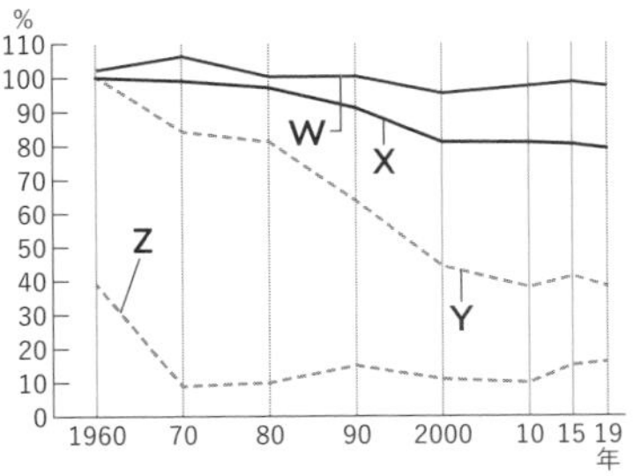

（2021/22年版「日本国勢図会」ほか）

(2)　右の地図のAで示した，工業地帯や工業地域が集中している帯状の地域を何といいますか。（　　　）

(3)　地図のB，Cの工業地帯あるいは工業地域をそれぞれ何といいますか。

B（　　　）

C（　　　）

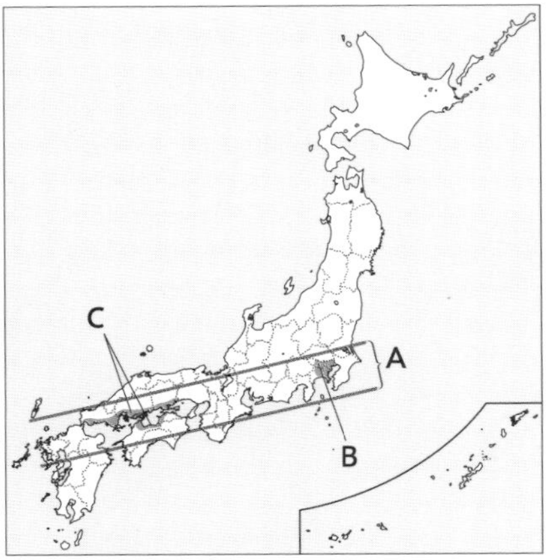

(4)　かつて日本が依存《いそん》していた加工貿易とはどのような貿易形態か，「原料」と「製品」の語句を使って答えなさい。

（　　　）

(5)　1980年代後半から労働者の賃金が安い中国や東南アジアの国々に進出する日本企業《きぎょう》が増えたことで，国内の産業の一部が衰退《すいたい》する現象がみられるようになりました。この現象を何といいますか。（　　　）

(6)　産業を大きく3つに分類したとき，第1次産業に含《ふく》まれる産業として**誤っているもの**を，次の**ア〜エ**から1つ選び，記号で答えなさい。

ア　林業　**イ**　農業　**ウ**　建設業　**エ**　漁業　（　　　）

(7)　右のグラフは，沖縄県の産業別就業者の割合です。グラフのFに当てはまる産業の種類を答えなさい。（第　　　次産業）

(2017年)　(2021年版「県勢」)

九州地方

点

合格点：80 点 ／ 100 点

1 **右の地図を見て，次の各問いに答えなさい。**　((1)(2)15点×4，他は10点×4)

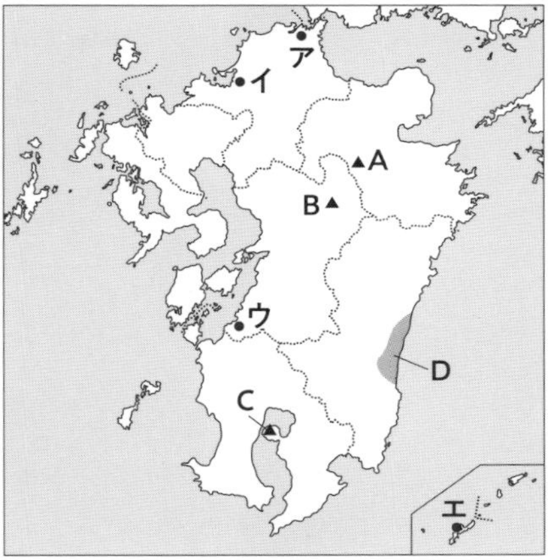

(1)　次の**A～C**の文は，地図の**A～C**の火山について述べたものです。それぞれの文の□に当てはまる語句を答えなさい。

A　火山の地下熱を利用した□発電が行われている。

B　世界最大級の□がある。

C　この火山の噴火《ふんか》による噴出物《ふんしゅつぶつ》が積もってできた□台地と呼ばれる台地が広がっている。

A（　　　　　）**B**（　　　　　）**C**（　　　　　）

(2)　地図の**D**の平野でさかんに行われている，ビニールハウスや温室を使って野菜の出荷時期を早める栽培《さいばい》方法を何といいますか。（　　　　　）

(3)　右のグラフは，九州南部で飼育がさかんな家畜《かちく》の都道府県別飼育頭数の割合です。この家畜を，次の**ア～エ**から1つ選び，記号で答えなさい。

(2019年)　(2021年版「県勢」)

ア　肉牛　**イ**　乳牛　**ウ**　豚《ぶた》　**エ**　羊　（　　　）

(4)　次の①～③の文は，ある環境《かんきょう》問題について述べたものです。それぞれが述べている場所を，地図の**ア～エ**から1つずつ選び，記号で答えなさい。

> ①　化学工場が海に流した有機水銀が原因で，神経や筋肉が侵《おか》される水俣病《みなまたびょう》が発生した。
>
> ②　鉄鋼業を中心として工業が発達したが，工場から出るけむりや工場廃水《はいすい》によって，大気汚染《おせん》と水質汚濁《おだく》が深刻になった。
>
> ③　リゾート開発に伴《ともな》い，さんご礁《しょう》の破壊《はかい》が深刻になっている。

①（　　　）②（　　　）③（　　　）

中国・四国地方

1 右の地図を見て，次の各問いに答えなさい。

（(1)16点，他は12点×7）

(1) 中国《ちゅうごく》・四国《しこく》地方は，地図の A・B・C の3つの地域に分かれます。B の地域は，一年を通じて雨が少ない気候です。その理由を「季節風」の語句を使って答えなさい。

（　　　　）

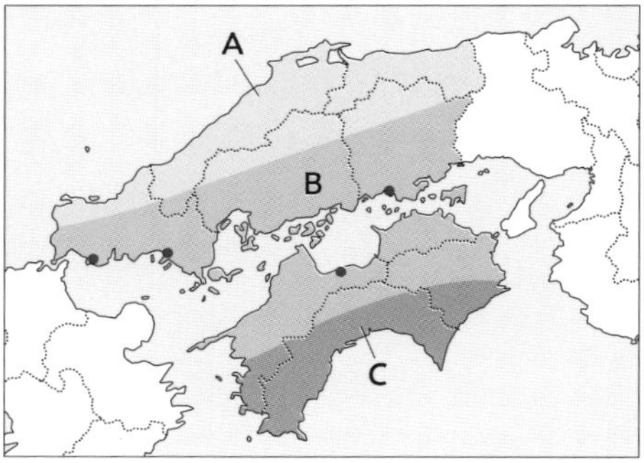

(2) 次の①～④の文が述べている農業と関係が深いのは，地図の A・B・C の地域のどこですか。A～C から1つずつ選び，記号で答えなさい。

① なすやピーマンなど，野菜の促成栽培《そくせいさいばい》がさかん。（　　）

② 海沿いの日当たりのよい斜面《しゃめん》で，みかんの栽培がさかん。（　　）

③ 砂丘《さきゅう》周辺で，らっきょうやすいかなどの栽培がさかん。（　　）

④ 古くからため池を利用した農業が行われている。（　　）

(3) 地図の B の地域にある • の都市では，共通してある工業が発達しています。この工業は何ですか。次のア～エから1つ選び，記号で答えなさい。

ア 石油化学工業　**イ** 鉄鋼業　**ウ** せんい工業　**エ** 自動車工業

（　　）

(4) 地図の A と C の地域の山間部などでは，地域の人口が減少し，社会生活の維《い》持《じ》が困難になる現象が深刻化しています。この現象を何といいますか。

（　　　　）

(5) 地図の B の地域には，本州四国連絡橋《れんらくきょう》がかかっています。この橋ができたことによる影響《えいきょう》として**誤っているもの**を，次の**ア～エ**から1つ選びなさい。

ア フェリーが廃止《はいし》され，かえって不便になった地域もある。

イ 本州側へ買い物に行く人が増え，四国側では商業が衰《おとろ》えた地域がみられる。

ウ 本州と四国が新幹線で結ばれ，移動時間が大幅《おおはば》に短縮された。

エ 通勤や通学で本州と四国を行き来する人が増えた。（　　）

月　　日

点

合格点：78点／100点

近畿地方

1 次の各問いに答えなさい。

（(4)12点，他は11点×8）

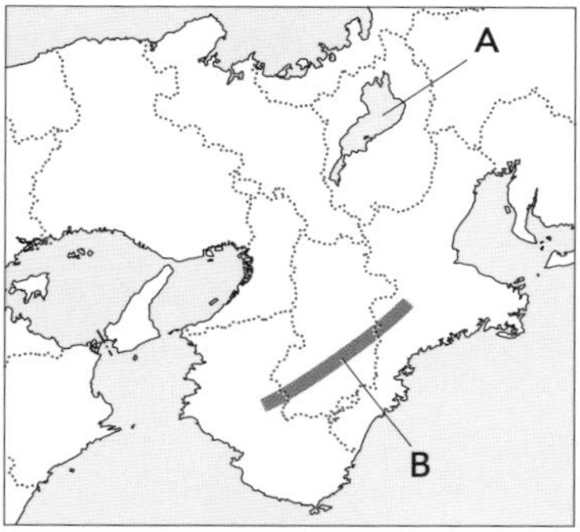

(1)　右の地図のAで示した日本で最も面積が大きい湖，Bで示した林業がさかんな山地の名をそれぞれ答えなさい。

A（　　　　　　　）B（　　　　　　　）

(2)　次の①～③の文は，近畿《きんき》地方のある都市の説明です。それぞれどの都市について説明したものですか。あとの**ア～エ**から1つずつ選び，記号で答えなさい。

①　約千年の間，都が置かれた。西陣織《にしじんおり》や清水焼《きよみずやき》などがつくられている。

②　江戸《えど》時代末期に開港した国際的な貿易港がある。海上につくられたポートアイランドと呼ばれる人工島に商業施設《しせつ》などがある。

③　江戸時代から商業が発達しており，現在も卸売業《おろしうりぎょう》がさかん。市内には，問《とん》屋街《やがい》が集中していたが，近年，郊外《こうがい》に移転する問屋も多い。

ア　大阪《おおさか》市　**イ**　京都《きょうと》市　**ウ**　奈良《なら》市　**エ**　神戸《こうべ》市

①（　　　）②（　　　）③（　　　）

(3)　次の①～③の文のうち，阪神《はんしん》工業地帯について正しく述べているものには○，正しくないものには×と答えなさい。

①　内陸部には中小工場（企業《きぎょう》）が多く，世界的なシェアをもつ製品をつくっている企業もある。（　　　）

②　出荷額に占《し》める化学工業の割合が機械工業の割合より高い。（　　　）

③　近年，埋立地《うめたてち》の工場跡地《あとち》などを利用して，太陽光発電パネルなどの工場が建設されており，臨海部の再開発が進んでいる。（　　　）

(4)　京都市で建物の外観や高さ，看板などが規制されている理由を，「景観や町並み」の語句を使って答えなさい。

（　　　　　　　　　　　　　　　　　　　　）

memo

1　(2)①**ア～エ**の中で都が置かれたのは，京都市と奈良市。

中部地方

月　日

点

合格点：80点／100点

1

右の地図を見て，次の各問いに答えなさい。（10点×10）

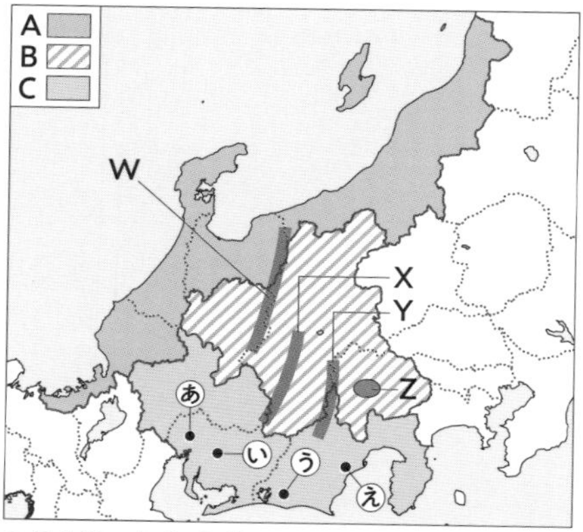

(1)　地図のW〜Yの山脈をまとめて何といいますか。（　　　　）

(2)　次のグラフは，地図のZの地域で栽培《さいばい》がさかんな果物《くだもの》の収穫量《しゅうかくりょう》の割合です。この果物は何ですか。（　　　　）

（2019年）（2021年版「県勢」）

(3)　中部地方は，地図のA・B・Cの3つの地域に大きく分かれます。次の①〜④の文で説明した農業は，どの地域でみられますか。A〜Cから1つずつ選び，記号で答えなさい。

①　日本を代表する稲作《いなさく》地帯で，有名な銘柄米《めいがらまい》の産地となっている。

②　温室メロンや電照菊《でんしょうぎく》の栽培など，施設《しせつ》園芸農業がさかんである。

③　明治《めいじ》時代に開墾《かいこん》され，日本有数の茶の産地となった。

④　八ケ岳《やつがたけ》のふもとの高原では，夏でも涼《すず》しい気候をいかして，レタスなどの高原野菜の抑制《よくせい》栽培が行われている。

①（　　　）②（　　　）③（　　　）④（　　　）

(4)　地図のAの地域では，冬の間の農家の副業として，地元の原材料や受け継《つ》がれてきた技術をいかした，地域と密接に結びついた産業が発達してきました。この産業を何といいますか。（　　　　）

(5)　次の①〜③の文は，地図のCの地域にある都市を説明したものです。それぞれの都市の位置を，地図のあ〜えから1つずつ選び，記号で答えなさい。

①　自動車関連工場が集中し，中京《ちゅうきょう》工業地帯の中心地の1つとなっている。

②　大都市圏《けん》を形成する中心都市で，商業施設や企業《きぎょう》が集中している。

③　ピアノなどの楽器やオートバイの生産がさかんである。

①（　　　）②（　　　）③（　　　）

関東地方

点

合格点：76 点／100 点

1　**右の地図を見て，次の各問いに答えなさい。**　((3)16点，他は12点×7)

(1)　関東《かんとう》平野は，地図の A の山などの火山灰が積もった赤土で覆《おお》われています。この赤土を何といいますか。

（　　　　　　　　）

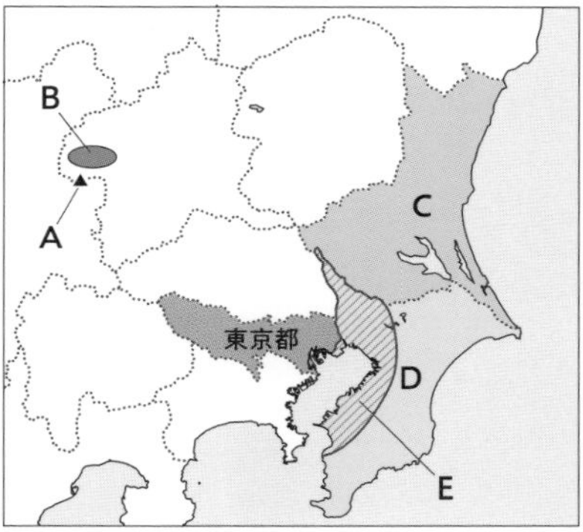

(2)　地図の東京都の中心部でみられる，周辺地域よりも気温が高くなる現象を何といいますか。（　　　　　　　　）

(3)　地図の東京都で夜間人口より昼間人口が多い理由を，「通勤・通学」の語句を使って答えなさい。

（　　　　　　　　　　　　　　　　　　　　　　　　　　）

(4)　地図の B の地域では，高原野菜の抑制栽培《よくせいさいばい》がさかんです。この地域で栽培がさかんな高原野菜を，次の**ア**～**エ**から1つ選び，記号で答えなさい。

ア　キャベツ　　**イ**　ねぎ　　**ウ**　にんじん　　**エ**　たまねぎ　（　　　）

(5)　地図の C や D の県では，大消費地向けの野菜や畜産物《ちくさんぶつ》を生産しています。このような農業を何といいますか。（　　　　　　　　）

(6)　右のグラフは，印刷業の製造品出荷《しゅっか》額に占《し》める都道府県別割合です。グラフの□に当てはまる都道府県名を答えなさい。（　　　　　　　　）

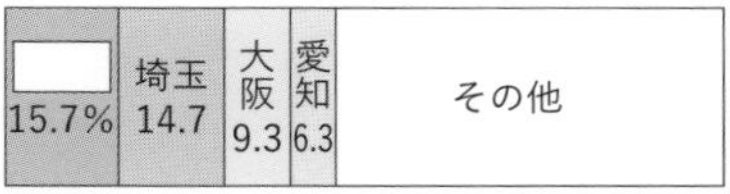

(2018年)　(2021年版「県勢」)

(7)　地図の E の工業地域について，次の各問いに答えなさい。

①　E の工業地域を何といいますか。（　　　　　　　　）

②　右のグラフは，E の工業地域の製造品出荷額に占める工業別割合です。グラフの W に当てはまる工業を，次の**ア**～**エ**から1つ選び，記号で答えなさい。

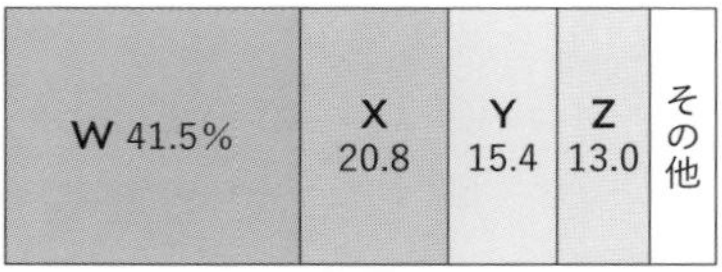

(2018年)　(2021/22年版「日本国勢図会」)

ア　機械　　**イ**　金属　　**ウ**　化学　　**エ**　食料品　（　　　）

東北地方，北海道地方

月　日

点

合格点：80点／100点

1 右の地図を見て，次の各問いに答えなさい。（10点×10）

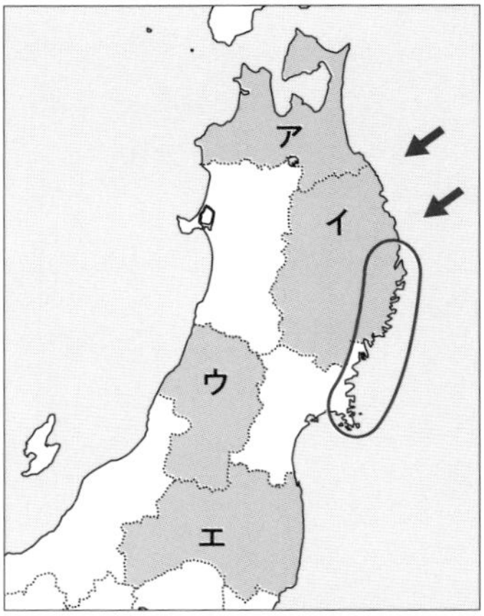

(1) 地図の➡は，初夏から夏にかけて東北《とうほく》地方の太平洋《たいへいよう》側に吹《ふ》き，冷害《れいがい》をもたらすこともある北東の風です。この風を何といいますか。

（　　　　　）

(2) 地図の ▭ の地域には，複雑に入り組んだ海岸地形がみられます。この海岸地形を何といいますか。（　　　　　）

(3) 右のグラフは，東北地方で栽培《さいばい》がさかんな果物《くだもの》の都道府県別収穫量《しゅうかくりょう》の割合です。それぞれの▭に当てはまる県を，地図の**ア〜エ**から1つずつ選び，記号で答えなさい。

さくらんぼ（　　　）りんご（　　　）

も　も（　　　）

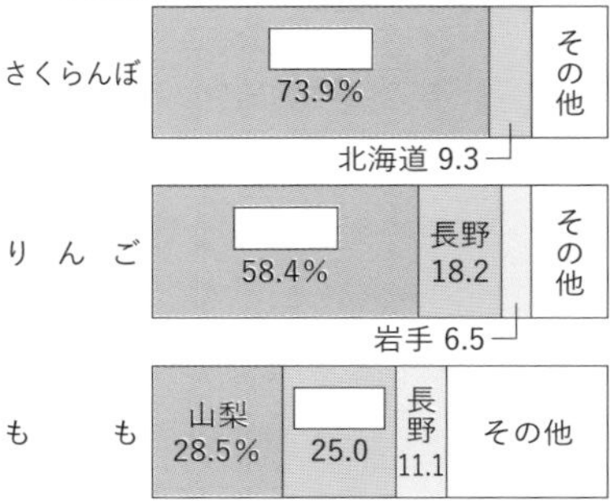

（2019年）（2021年版「県勢」）

(4) 東北地方の太平洋側の県の方が日本海側の県よりも漁業生産量が多くなっている理由を，海流に触《ふ》れて答えなさい。

（　　　　　　　　　　）

(5) 明治《めいじ》時代に政府の開拓《かいたく》政策によって土地を奪《うば》われた，北海道の先住民族を何といいますか。（　　　　　）

(6) 次の①〜③の文は，北海道各地の農業について述べたものです。当てはまる地域を，**ア〜ウ**から1つずつ選び，記号で答えなさい。

① 低温によって農作物の栽培に適していないため，酪農《らくのう》が発展した。

② 泥炭地《でいたんち》を客土《きゃくど》などによって改良し，日本有数の稲作《いなさく》地帯になった。

③ 広大な台地を切り開いて耕地にし，大規模な畑作が行われている。

ア 石狩《いしかり》平野　**イ** 十勝《とかち》平野　**ウ** 根釧《こんせん》台地

①（　　　）②（　　　）③（　　　）

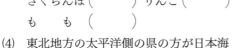

月　　日

ヨーロッパの世界進出

点

合格点：80 点／100 点

1 次の各問いに答えなさい。

(8点×6)

(1)　次の文の X に当てはまる語句を答えなさい。

◇　14世紀になると，イタリアで，古代ギリシャ・ローマの文化を理想とする，人間の自由でありのままの姿を表現する［　X　］がみられるようになった。

（　　　　　）

(2)　次の A，B の文の下線部が正しければ○をつけ，誤っていれば正しい語句を書き入れなさい。

A　1517年，①カルバン（　　　　）は，②ローマ教皇（　　　　）の免罪符《めんざいふ》の発行に抗議《こうぎ》して，③ドイツ（　　　　）で宗教改革を始めた。

B　④プロテスタント（　　　　）に対抗《たいこう》するため，カトリック教会は⑤十《じゅう》字《じ》軍《ぐん》（　　　　）を結成し，海外布教を行った。

2 次の各問いに答えなさい。

((1)12点，他は8点×5)

(1)　15世紀に，スペインやポルトガルが新しい航路の開拓《かいたく》を進めた主な理由は，キリスト教の布教のほかに何がありましたか。「アジア」の語句を使って答えなさい。

（　　　　　　　　）

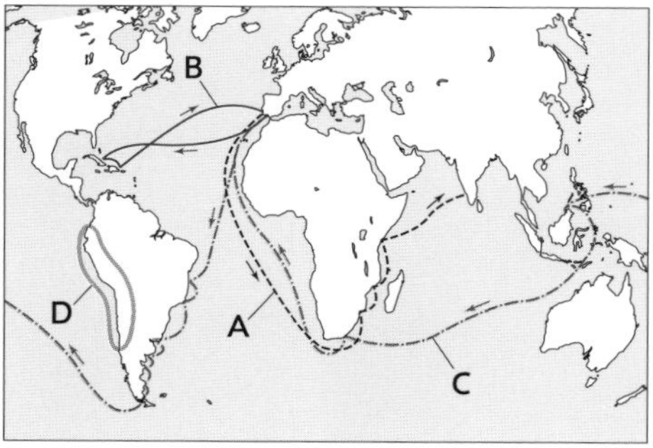

(2)　右上の地図の A～C の航路を開拓した人物を，次の**ア**～**ウ**から1つずつ選び，記号で答えなさい。　A（　　　）　B（　　　）　C（　　　）

ア　コロンブス　　**イ**　マゼラン　　**ウ**　バスコ＝ダ＝ガマ

(3)　16世紀にスペインに滅《ほろ》ぼされた地図の D の国を何といいますか。

（　　　　　）

(4)　アメリカ大陸の労働力不足を補《おぎな》うために，ヨーロッパ人はどこの人々を奴隷《どれい》としてアメリカ大陸へ連れていきましたか。（　　　　　）

織田信長・豊臣秀吉の統一事業

月　日

点

合格点：80点／100点

1 次の各問いに答えなさい。

（(4)①12点，他は8点×11）

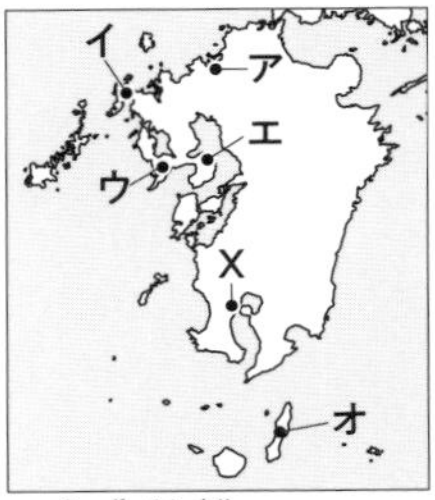

(1)　1543年，日本に初めて鉄砲《てっぽう》が伝わった場所を，右の地図のア～オから1つ選び，記号で答えなさい。（　　　）

(2)　地図のXに来航し，日本に初めてキリスト教を伝えた宣教師《せんきょうし》は誰《だれ》ですか。（　　　）

(3)　16世紀半ばから始まった，ポルトガルやスペインとの貿易を何といいますか。（　　　）

(4)　①次のA～Dのできごとを年代順に並べなさい。また，②織田信長《おだのぶなが》が行ったことにはア，豊臣秀吉《とよとみひでよし》が行ったことにはイをそれぞれ書きなさい。

（　　→　　→　　→　　）

A　大阪《おおさか》城を築いて，全国統一の本拠地《ほんきょち》とした。（　　）

B　将軍足利義昭《しょうぐんあしかがよしあき》を追放して，室町幕府《むろまちばくふ》を滅《ほろ》ぼした。（　　）

C　桶狭間《おけはざま》の戦いで，今川義元《いまがわよしもと》を破った。（　　）

D　小田原《おだわら》の北条《ほうじょう》氏をたおして，全国統一を達成した。（　　）

(5)　次のE，Fの文を読んで，あとの各問いに答えなさい。

E　私は，商工業を発展させるため，安土《あづち》城下で（ a ）を行った。

F　私は，全国の田畑の面積や土地のよしあしを調べ，予想される収穫量《しゅうかくりょう》を石《こく》高《だか》で表す（ b ）や，農民の一揆《いっき》を防ぐための刀狩《かたながり》を行った。

①　a・bに当てはまる語句をそれぞれ答えなさい。

a（　　　）b（　　　）

②　下線部について説明した次の文のcに当てはまる語句を答えなさい。

◇　これらの政策の結果，武士と農民の身分を区別する（ c ）が進んだ。

（　　　）

③　E・Fの文の「私」に仕え，茶の湯でわび茶を大成した人物を，次のア～エから1つ選び，記号で答えなさい。（　　）

ア　狩野永徳《かのうえいとく》　イ　観阿弥《かんあみ》　ウ　千利休《せんのりきゅう》　エ　出雲《いずも》の阿国《おくに》

得点UP

1 (3)この貿易で，日本は主に銀を輸出し，中国産の生糸《きいと》や絹織物のほか，ヨーロッパのガラス製品や時計などが輸入された。

江戸時代前期

点

合格点：72点／100点

1 **右の年表を見て，次の各問いに答えなさい。** （(4)16点，他は14点×6）

年	できごと
1600	関ヶ原《せきがはら》の戦いが起こる…①
1635	武家諸法度に新たな制度が加わる……………………②
1637	九州で一揆が起こる……③
1641	鎖国の体制が完成する…④
17世紀後半	新田開発が進む…………⑤

(1) ①について，この戦いのころから徳川《とくがわ》氏に従った大名《だいみょう》を，次から1つ選びなさい。

〔 親藩《しんぱん》　外様《とざま》大名　譜代《ふだい》大名 〕

（　　　　　）

(2) ②について，このとき武家諸法度《ぶけしょはっと》に追加された，大名に1年おきに江戸と領地を往復させた制度を何といいますか。

（　　　　　）

(3) ③について，鎖国《さこく》の体制を固めるきっかけとなった，1637年に起きた一揆《いっき》を何といいますか。

（　　　　　）

(4) ④について，このころ右の写真のような板は何のために使われましたか，答えなさい。

（　　　　　　　　　　　　　）

（ColBase）

(5) ④について，鎖国下の外交について正しく説明した文を，次の**ア**～**エ**から1つ選び，記号で答えなさい。

ア　長崎の出島《でじま》では，イギリスとの貿易が許された。

イ　蝦夷地《えぞち》のシャクシャインが中心となって薩摩藩《さつまはん》に戦いを起こした。

ウ　松前《まつまえ》藩は琉球《りゅうきゅう》王国のアイヌの人々と交易を行い，大きな利益を得た。

エ　対馬藩《つしまはん》を通じて朝鮮《ちょうせん》と貿易が行われた。

（　　　）

(6) ⑤について，このころ改良された，以前よりも土地を深く耕すことができる右の資料のような農具を何といいますか。

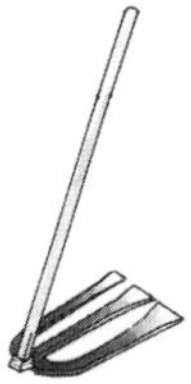

（　　　　　）

(7) ⑤について，このころ発達した産業について**誤っているもの**を，次の**ア**～**ウ**から1つ選び，記号で答えなさい。

ア　鉱山の開発が進んだ。　**イ**　蔵屋敷《くらやしき》で年貢米《ねんぐまい》や特産物が売買された。

ウ　都市では，大商人が座《ざ》をつくって営業を独占《どくせん》した。

（　　　）

memo

1 (1)江戸から比較《ひかく》的遠いところに領地が与《あた》えられた大名。

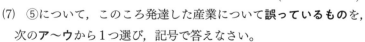

江戸時代後期

月　日

点

合格点：80点／100点

1　右の年表を見て，次の各問いに答えなさい。　(6点×9)

年	できごと
1716	享保《きょうほう》の改革が始まる…A
1772	田沼意次《たぬまおきつぐ》が老中《ろうじゅう》になる
1787	寛政《かんせい》の改革が始まる…B
1837	大阪で乱が起こる……X
1841	天保の改革が始まる…C

(1)　A～Cの改革を行った人物を答えなさい。

A（　　　　）B（　　　　）

C（　　　　）

(2)　A～Cの改革に当てはまるものを，次のア～エから1つずつ選び，記号で答えなさい。

ア　株仲間《かぶなかま》の解散　　イ　長崎貿易の活性化

ウ　新田開発を進め年貢《ねんぐ》を増やす　　エ　昌平坂《しょうへいざか》学問所で朱子学《しゅしがく》を奨励《しょうれい》

A（　　）B（　　）C（　　）

(3)　Xについて説明した次の文の①～③に当てはまる語句を答えなさい。

このころ天保《てんぽう》のききんが起こり，農民が年貢の軽減を求める（　①　）や，米を買い占《し》めた商人に対する（　②　）が増えた。大阪では，元役人の（　③　）らが乱を起こした。

①（　　　　）②（　　　　）③（　　　　）

2　次の表に当てはまる語句と関係する写真を答えなさい。　(写真4点×4，他は6点×5)

元禄《げんろく》文化	化政《かせい》文化	学問
①菱川師宣《ひしかわもろのぶ》が（　　　）を始めた。　写真（　　） ②（　　　）が俳諧《はいかい》（俳句）を芸術にまで高めた。	③（　　　）が風景画の錦絵《にしきえ》を描《えが》いた。写真（　　） ④喜多川歌麿《きたがわうたまろ》が美人画の錦絵を描いた。　写真（　　）	⑤本居宣長《もとおりのりなが》が『古事記《こじき》』を研究し（　　　）を大成した。 ⑥杉田玄白《すぎたげんぱく》らが（　　　）の基礎《きそ》を築いた。写真（　　）

ア

(東京医科歯科大学図書館)

イ

(ColBase)

ウ

(ColBase)

エ

(ColBase)

memo

1　(1) Aは江戸《えど》幕府の8代将軍，B・Cは老中。

欧米諸国の近代化

月　日

点

合格点：76 点／100 点

1　**次の A～C の文を読んで，あとの各問いに答えなさい。**　((2)16点，他は12点×4)

A　1688年にイギリスで，専制を行った国王を追放し，議会を尊重する新たな国王を迎《むか》え入れた（　①　）が起こり，翌年，権利の章典《しょうてん》が制定された。

B　イギリス本国が13の植民地に新たな税をかけると，植民地側が反発し，独立戦争が始まった。植民地側は1776年に（　②　）を発表し，フランスなどの支《し》援《えん》を受けて戦争に勝利した。

C　1789年にフランス革命が起こり，国民議会は（　③　）を発表した。

(1)　A～C の文の①～③に当てはまる語句をそれぞれ答えなさい。

①（　　　　　）②（　　　　　）③（　　　　　）

(2)　B について，独立戦争後，アメリカ合衆国の初代大統領となったのは誰《だれ》ですか。

（　　　　　）

(3)　C について，右の資料は，フランス革命前の社会の風刺画《ふうしが》です。資料の X は何を表していますか。次の**ア**～**ウ**から1つ選び，記号で答えなさい。

ア　税　　**イ**　兵役《へいえき》　　**ウ**　人権　　（　　）

(Erich Lessing／PPS 通信社)

2　**次の文を読んで，あとの各問いに答えなさい。**　(12点×3)

18世紀後半，a イギリスは，蒸気機関の改良によって工業製品の大量生産が可能になり，世界中に工業製品を輸出するようになった。産業や社会のしくみが変化するとともに，b 資本をもつ資本家が労働者を雇《やと》って生産するしくみが広まった。そのいっぽうで，c 人々の貧富の差が大きな問題となった。

(1)　下線部 a について，蒸気機関の改良による産業や社会のしくみの変化を何といいますか。　（　　　　　）

(2)　下線部 b のような経済のしくみを何といいますか。　（　　　　　）

(3)　下線部 c の問題をなくすためにマルクスが説いた，土地や工場を共有して平等な社会の実現を目指す考えを何といいますか。　（　　　　　）

開国と江戸幕府の滅亡

月　日

点

合格点：80 点／100 点

1 次の A～E の文を読んで，あとの各問いに答えなさい。 (10点×10)

A　アメリカ国内で奴隷《どれい》制などをめぐり，南北戦争が始まった。

B　イギリスはアヘン戦争に勝ち，清《しん》に不平等な条約をおしつけた。

C　大老《たいろう》井伊直弼《いいなおすけ》は朝廷《ちょうてい》の許可を得ないまま，アメリカと条約を結んだ。

D　倒幕《とうばく》の動きが高まり，徳川慶喜《とくがわよしのぶ》が大政奉還《たいせいほうかん》を行った。

E　(　　)は4か国艦隊《かんたい》から報復攻撃《こうげき》を受け，下関砲台《しものせきほうだい》を占領《せんりょう》された。

(1)　A について，南北戦争で北部を率いたアメリカ大統領は誰《だれ》ですか。 (　　　　)

(2)　B について，右の図は，アヘン戦争前にイギリス・インド・清の間で行われていた貿易を示しています。①・②に当てはまる語句をそれぞれ答えなさい。

①(　　　　)　②(　　　　)

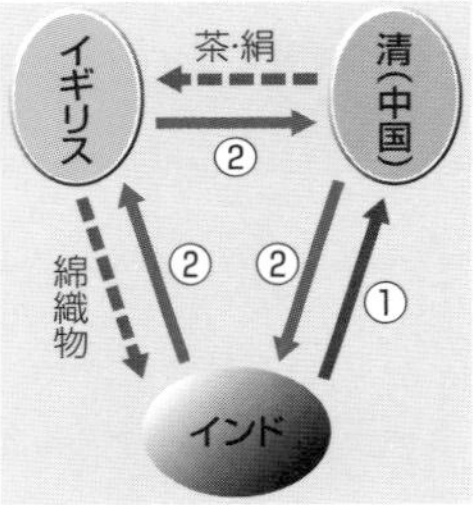

(3)　C の条約について説明した次の X～Z の文のうち，正しいものには○，誤っているものには×を，それぞれ書きなさい。

X　下田《しもだ》と函館《はこだて》の2港が開かれた。 (　　)

Y　日本に関税自主権がなかった。 (　　)

Z　アメリカ船に水や燃料を供給することを認めた。 (　　)

(4)　D について，坂本龍馬《さかもとりょうま》の仲立ちで倒幕を目指して結ばれた同盟を何といいますか。 (　　　　)

(5)　D について，大政奉還とはどのようなことか，説明しなさい。

(　　　　　　　　　　　　　　　　　　　　)

(6)　E について，(　　)に当てはまる藩《はん》を，次の**ア～エ**から1つ選び，記号で答えなさい。

ア　肥前《ひぜん》藩　**イ**　土佐《とさ》藩　**ウ**　長州《ちょうしゅう》藩　**エ**　薩摩《さつま》藩 (　　)

(7)　A～E を年代順に並べるとき，最初に起こったできごとを1つ選び，記号で答えなさい。 (　　)

memo

1　(3)関税自主権とは，輸入品にかかる関税率を自国が決めることができる権利。

明治維新

点

合格点：76点／100点

1 次の年表を見て，あとの各問いに答えなさい。

((8)16点，他は12点×7)

年	できごと
1868	X が出される
1871	藩《はん》を廃止《はいし》して府と県が置かれる……………①
1872	a学制が公布される ……………………②
1873	b徴兵令《ちょうへいれい》を出す，c地租《ちそ》改正を行う
1874	民撰議院設立《みんせんぎいんせつりつ》の建白書《けんぱくしょ》が提出される…………③ ↕④
1889	大日本帝国《ていこく》憲法が発布される…………………⑤

一　広ク会議ヲ興《おこ》シ万機《ばんき》公論ニ決スベシ
一　上下《しょうか》心ヲ一《いつ》ニシテ盛《さかん》ニ経綸《けいりん》ヲ行ウベシ
一　智識《ちしき》ヲ世界ニ求メ，大《おおい》ニ皇基《こうき》ヲ振起《しんき》スベシ
(一部)

(1)　右上の資料は X の内容です。これを何といいますか。(　　　　　)

(2)　①について，この政策を何といいますか。(　　　　　)

(3)　②の年に，『学問のすゝ《(す)》め』を著《あらわ》し，欧米《おうべい》の思想をわかりやすく説いた人物は誰《だれ》ですか。(　　　　　)

(4)　下線部 a～c の改革は，国力を向上させて強力な軍隊を整備する政策に基《もと》づいて行われました。この政策を漢字4字で答えなさい。(　　　　　)

(5)　下線部 c について正しく説明した文を，次の**ア**～**ウ**から1つ選び，記号で答えなさい。

ア　課税の基準が地価から収穫高《しゅうかくだか》に変更された。
イ　土地の耕作者が納税者となった。　　**ウ**　国家の財政は安定した。
(　　　)

(6)　③のできごとをきっかけにさかんになった，議会の開設や参政権などを求めた運動を何といいますか。(　　　　　)

(7)　④の時期のできごととして**誤っているもの**を，次の**ア**～**エ**から1つ選び，記号で答えなさい。

ア　西南《せいなん》戦争が起こる。　　**イ**　岩倉《いわくら》使節団が欧米諸国に派遣《はけん》される。
ウ　自由党が結成される。　　**エ**　立憲改進党が結成される。　(　　　)

(8)　⑤について，憲法の草案を作成するうえで，伊藤博文《いとうひろぶみ》がドイツやオーストリアの憲法を参考にした理由を答えなさい。

(　　　　　　　　　　　　　　　　　　　　　　　　　　)

日清戦争と日露戦争

月　日

点

合格点：80点／100点

1 右の年表を見て，次の各問いに答えなさい。

((1)10点×2，他は8点×10)

年	できごと
1894	日清《にっしん》戦争が始まる……a
	↕ア
1895	三国干渉《かんしょう》が起こる……b
	↕イ
1902	日英同盟を結ぶ……c
	↕ウ
1904	日露《にちろ》戦争が始まる……d
	↕エ
1912	中華《ちゅうか》民国が建国される…e

(1) **a**・**d** の戦争の講和条約を何といいますか。また，その内容に当てはまるものを，次の**ア**～**エ**からすべて選び，記号で答えなさい。

ア 朝鮮《ちょうせん》の独立を認める。
イ 韓国《かんこく》における日本の優越権《ゆうえつけん》を認める。
ウ 日本に樺太《からふと》の南半分を譲《ゆず》る。
エ 日本に賠償金《ばいしょうきん》を支払う。

a（　　　　条約・　　　　）**d**（　　　　条約・　　　　）

(2) **a** と同じ年のできごとを，次の**ア**～**エ**から1つ選び，記号で答えなさい。

ア ノルマントン号事件が起こる。　**イ** 義和団《ぎわだん》事件が起こる。
ウ 領事裁判権（治外法権）が撤廃《てっぱい》される。　**エ** 江華島《こうかとう》《カンファド》事件が起こる。

（　　）

(3) **b** について説明した次の文の①・②に当てはまる語句をそれぞれ答えなさい。

◇（ ① ）は，ドイツ・フランスとともに，日本に対して（ ② ）を清に返還《へんかん》するようにせまった。　①（　　　　）②（　　　　）

(4) **c** が結ばれた理由を簡単に説明しなさい。（　　　　　　　　）

(5) **d** の戦争に出征《しゅっせい》した弟を思って，「君死にたまふ《(う)》ことなかれ」という詩を発表した女性は誰《だれ》ですか。（　　　　）

(6) **e** について，このきっかけとなった革命と，その中心となり三民《さんみん》主義を唱えた人物を答えなさい。　革命（　　　　）人物（　　　　）

(7) 韓国併合《へいごう》は，年表中の**ア**～**エ**のどの時期に行われましたか。（　　）

(8) ①「無我《むが》」などを描《えが》き，日本画の発展に貢献《こうけん》した人物，②黄熱病《おうねつびょう》の研究を行った人物を，次の**ア**～**エ**から1つずつ選び，記号で答えなさい。

ア 北里柴三郎《きたさとしばさぶろう》　**イ** 野口英世《のぐちひでよ》　**ウ** 黒田清輝《くろだせいき》　**エ** 横山大観《よこやまたいかん》

①（　　）②（　　）

得点UP

1 (3)三国干渉への不満が，その後の①との対立につながった。

総復習テスト（社会）

点

合格点：80点／100点

1 **次のA～Eの文は日本の7つの地方のうち，5つの地方について述べたものです。これを読んで，あとの各問いに答えなさい。** ((1)5点×3，他は4点×10)

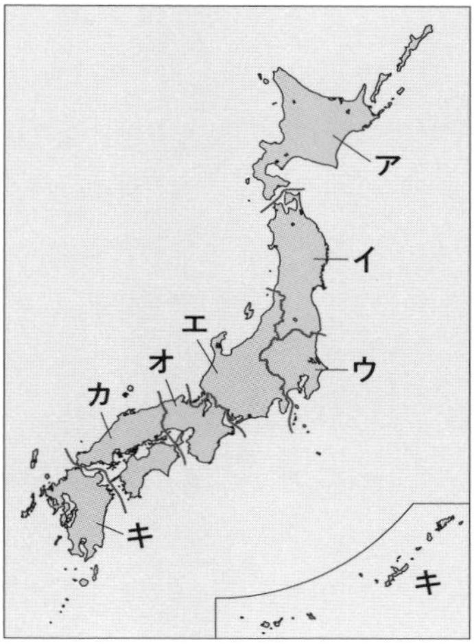

A　2つの大きな山地が東西にのびる。その山地の農村部では（　①　）化が進んでいる。

B　日本の首都があり，人口が集中している。日本の総人口の約3分の1がこの地方に住み，都心では過密が問題となっている。

C　周りを海に囲まれ，他の地方と陸地で接していない。（　②　）の人々が先住し，その言葉に由来する地名が多い。

D　北部で，鉄鋼業を中心とする工業地帯が発展した。（　③　）市では，海に流された有機水銀を原因とする公害病が発生したが，現在は環境《かんきょう》モデル都市として，環境問題に取り組んでいる。

E　中央部に3000m級の山々がそびえる。大きく3つの地域に分かれ，南部の地域には，自動車工業を中心に発展した，工業生産額日本一の県がある。

(1)　①～③に当てはまる語句をそれぞれ答えなさい。

①（　　　　　）②（　　　　　）③（　　　　　）

(2)　A～Eの地方の位置を，地図の**ア～キ**から1つずつ選び，記号で答えなさい。

A（　　）B（　　）C（　　）D（　　）E（　　）

(3)　右の表は，A～Eの地方のさまざまな統計をまとめたものです。それぞれの地方に当てはまるものを，表中の**ア～オ**から1つずつ選び，記号で答えなさい。

A（　　）B（　　）C（　　）
D（　　）E（　　）

地方	面積(km²)	人口(千人)	農業生産額(億円)	工業生産額(億円)
ア	44512	14257	18845	258528
イ	66807	21216	14036	964031
ウ	50726	11003	8798	368713
エ	83424	5250	12593	64136
オ	32433	43464	16787	855279

(面積・人口は2019年，農業，工業生産額は2018年)　　(2021年版「県勢」)

裏面へ

2 右の年表を見て，次の各問いに答えなさい。

（3点×15）

年	できごと
1590	全国統一を達成する……a
1603	江戸《えど》に幕府が開かれる…b
	↕ア
1854	日米和親条約の締結《ていけつ》……c
	↕イ
1867	朝廷《ちょうてい》に政権を返す………d
	↕ウ
1894	日清《にっしん》戦争が始まる………e
	↕エ
1904	日露《にちろ》戦争が始まる………f

(1)　a について，全国統一を達成したこの人物が百姓《ひゃくしょう》の一揆《いっき》を防ぐために出した法令を何といいますか。　（　　　　）

(2)　b について，この幕府《ばくふ》を開いた人物は誰《だれ》ですか。　（　　　　）

(3)　b について，この時代に大名を1年おきに江戸と領地に住まわせた制度を何といいますか。　（　　　　）

(4)　c について，日本とこの条約を結んだアメリカの東インド艦隊《かんたい》司令長官は誰ですか。　（　　　　）

(5)　c について，この条約で開港した港を，次の**ア～オ**から2つ選び，記号で答えなさい。　（　　・　　）

ア　函館《はこだて》　**イ**　新潟《にいがた》　**ウ**　神奈川《かながわ》　**エ**　下田《しもだ》　**オ**　兵庫《ひょうご》

(6)　d について，このことを何といいますか。　（　　　　）

(7)　d について，この翌年から約1年半にわたって続いた，新政府軍と旧幕府軍の戦いを何といいますか。　（　　　　）

(8)　e について，この直前の条約改正について述べた次の文の①・②に当てはまる人物名と語句を答えなさい。

◇　外務大臣（　①　）は，イギリスとの間で（　②　）の撤廃《てっぱい》に成功した。

①（　　　　）②（　　　　）

(9)　e について，この戦争の講和条約を何といいますか。　（　　　　）

(10)　f について，この戦争の直前に日本と同盟を結んだ国を，次の**ア～エ**から1つ選び，記号で答えなさい。　（　　）

ア　イギリス　**イ**　ドイツ　**ウ**　フランス　**エ**　アメリカ

(11)　f について，この戦争の講和条約を何といいますか。　（　　　　）

(12)　次の①～③のできごとが起こった時期を，年表の**ア～エ**から1つずつ選び，記号で答えなさい。

①　ノルマントン号事件（　　）　②　アヘン戦争（　　）

③　義和団《ぎわだん》事件（　　）

No. 01 一般動詞の過去の文

❶ (1) stayed (2) go / did (3) didn't
❷ (1) talked [spoke] with [to]
(2) wrote, ago (3) didn't listen
❸ (1) she didn't (2) Where did
❹ (1) It didn't snow last night.
(2) time did you get up this

解説 ❶ (1)過去の文では，動詞は過去形。(2)疑問文では動詞は原形。答えでも did を使う。(3)過去の否定文は，**〈didn't ＋動詞の原形〉**。
❷ (1)「〜と話す」は talk[speak] with[to] 〜。(2) write は不規則動詞で，過去形は wrote。
❸ (1)過去の疑問文に No で答える。(2) B は会った場所を答えているので，Where の疑問文に。
❹ (1)不足している語は，didn't。Last night を文頭にしてもよい。(2)過去の疑問文なので，不足している語は did。

No. 02 be動詞の過去の文・過去進行形

❶ (1) were (2) was (3) was reading
❷ (1) was (2) wasn't, didn't
(3) were / was (4) weren't studying
❸ (1) was at home yesterday
(2) were angry with Jim at that
(3) Was she a member of the art club
(4) We were not doing our homework.

解説 ❶ (1)(2) be 動詞の過去形は，主語が I や **3 人称単数なら was，you や複数なら were** を使う。(3) **〈was[were] ＋動詞の ing 形〉**で過去のある時点で進行中だった動作を表す。
❷ (1) am と is の過去形は was。(2)形容詞(free)の前には wasn't，一般動詞(watch)の前には didn't。(4)過去進行形の否定文は **〈wasn't [weren't] ＋動詞の ing 形〉**。
❸ (1)「家にいる」は be (at) home。(2)「そのとき」は at that time。(3)主語が 3 人称単数の be 動詞の過去の疑問文。Was 〜? の形で表す。

No. 03 be going to 〜の文

❶ (1) I'm going (2) Is, play / Yes, is
(3) aren't, to
(4) Are, going / I'm not
❷ (1) isn't going to go out this weekend
(2) When are you going to come back to
❸ (1) I am [I'm] not going to buy [get] a new computer.
(2) How long is he going to stay there?

解説 ❶ (1)未来を表し，「〜するつもりです」は **be going to 〜**。ここでは I am の短縮形を使う。(2)(4)疑問文は **〈Is[Are] ＋主語＋ going to ＋動詞の原形 〜?〉**。(3)否定文は be 動詞のあとに not。ここでは are not の短縮形を使う。
❷ (1)否定文なので，isn't going to go 〜の語順。(2) When のあとに are you going to come 〜と疑問文の形を続ける。
❸ (1)否定文は am のあとに not を置く。
(2)「どのくらいの間」と期間をたずねる文は How long を使う。

No. 04 will の文

❶ (1) will take (2) play (3) won't
❷ (1) will (2) I'll call (3) won't join
(4) Will
❸ (1) No, won't (2) she will
❹ (1) will not stay home today
(2) They will be good soccer players

解説 ❶ (1)未来のことは〈**will ＋動詞の原形**〉を使って表す。(2)疑問文は **〈Will ＋主語＋動詞の原形 〜?〉**。(3)否定文は **〈will not ＋動詞の原形〉**。

短縮形は **won't**。
❷ (2) I will の短縮形は I'll となる。(3) will not の短縮形の won't を使う。
❸ Will ～? には **Yes, ～ will. / No, ～ won't.** で答える。
❹ (1)否定文は〈will not ＋動詞の原形〉。
(2)「～になる」は be ～。someday は「いつか」。

No. 05 may, have to ～ などの文

❶ (1) must (2) May (3) Shall
❷ (1) Shall (2) must study
(3) has to
(4) May [Can, Could] I / Sure [O.K]
(5) have to
❸ (1) We don't have to show our passports
(2) mustn't use Japanese in class

解説 ❶ (1) **「～しなければならない」は must。**
(2) **「～してもよいですか」は May I ～?。**
(3)「(私が)～しましょうか」は Shall I ～?。
❷ (1)「(いっしょに)～しましょうか」は，Shall we ～?。(2)(3)「～しなければならない」は **〈must ＋動詞の原形〉，〈have[has] to ＋動詞の原形〉**。(4)許可を求めるときは，May[Can, Could] I ～? 。(5)「私は～しなければなりませんか」は Do I have to ～? で表せる。
❸ (1) **「～する必要はない」は don't have to ～。**
(2)「～してはいけません」は〈must not ＋動詞の原形〉。短縮形は mustn't。

No. 06 不定詞(名詞的用法)

❶ (1) to buy (2) to cook (3) to see
❷ (1) to practice (2) to do
(3) tried to (4) likes, play
(5) is to
❸ (1) wants to be a nurse in the future
(2) She tried to help sick people.

解説 ❶ **〈to ＋動詞の原形〉は「～すること」**の意味を表す。(1) **「～したい」は want to ～**，(2) **「～するのが好き」は like to ～**，(3)「～する必要がある」は need to ～ で表す。
❷ (1)「～し始める」は start to ～。(2)「～することを決める」は decide to ～。(3)「～しようとする」は try to ～。(5)名詞的用法の不定詞は be 動詞のあとにくることもある。
❸ (1)「～になりたいと思う」は want to be ～。

No. 07 不定詞(副詞的用法)

❶ (1) to (2) practice (3) to help
❷ (1) to do (2) to hear
(3) Why / To show
❸ (1) Did you go home early to watch
(2) sister studied hard to become a doctor
❹ I went to the bookstore to buy some books.

解説 ❶ **〈to ＋動詞の原形〉は「～するために」**の意味で目的を表す。(1)動詞の原形が続いているので，to を選ぶ。(2) to のあとの動詞は主語が 3 人称単数のときでも原形。
❷ (2)不定詞は sad などの感情を表す形容詞のあとにきて，「～して…」と感情の原因を表す。(3) Why ～? に対して，To ～. の形で目的を答えることもある。
❸ (1)「テレビを見るために」は to watch TV。watch を補う。(2)「医者になるために」は to become a doctor。to を補う。
❹「本を買うために書店へ行った」を〈to ＋動詞の原形〉で表す。

No. 08 不定詞(形容詞的用法)

❶ (1) time to (2) to save (3) to see
(4) nothing, do (5) money to
❷ (1) I want some books to read
(2) you find anything nice to buy
❸ (1) I don't [do not] have (any) time to read books.
(2) They need something cold to drink.

解説 ❶ **〈to ＋動詞の原形〉は「～するための，～するべき」**の意味。(1)「～する時間」は

ANSWERS

time to ～。(2)(3)(5)不定詞は前の名詞を後ろから修飾する。(4)「何も～ない」は nothing を使う。不定詞は -thing などの代名詞も修飾する。

❷ (1) want to ～ としない。books のあとに不定詞を続ける。(2)〈anything ＋形容詞(nice)＋不定詞(to buy)〉の語順。

❸ (1) to read ～ で前の time を修飾する形。I have no time to read books. でもよい。(2)「何か冷たい飲み物」＝「飲むための冷たい何か」。〈something ＋形容詞＋不定詞〉の語順。

No. 09 いろいろな不定詞

❶ (1) to use (2) to do
(3) book to buy (4) It
❷ (1) how to (2) what to (3) It, to
❸ (1) where to (2) how to
❹ (1) Was it difficult [hard] (for you) to read this book?
(2) Do you know which bus to take?

解説 ❶ (1) **how to ～ で「どのように～するか」=「～のしかた」**。(2) **what to ～ で「何を～するか」**。(3) which や what のあとに名詞がきて，〈which [what] ＋名詞＋ to ～〉のような形で使うこともある。(4) **It is … to ～. で「～することは…だ」**。この It は形式上の主語で，「それ」という意味はない。

❷ (1) how to make ～ で「～の作り方」。(2) what to say で「何を言ったらよいか」。(3) It is … to ～. の否定文。

❸ (1) B が「あそこのチケット売り場で買えます」と答えているので，where to go to buy the tickets「チケットを買うにはどこへ行くべきか」とする。(2) how to get to ～ で「～への行き方」。

❹ (1) It is … to ～. の疑問文。過去の文なので Was it ～? とする。

No. 10 動名詞

❶ (1) reading (2) to get (3) singing
❷ (1) started [began] running
(2) finish doing
(3) forward, studying
(4) Cooking is
❸ (1) enjoyed talking on the phone last night
(2) Sending e-mails is easy for
❹ Mike likes taking care of flowers.

解説 ❶ **動名詞**(動詞の ing 形)は**「～すること」**の意味。(1) finish は動名詞を目的語にとり，不定詞は目的語にこない。(2) hope は不定詞を目的語にとり，動名詞は目的語にこない。(3)前置詞に続く動詞は **ing 形**にする。

❷ (1)「～し始める」は start [begin] to ～ か start [begin] ～ing。(2)「～し終える」は finish ～ing。(3) look forward to ～ing は「～するのを楽しみに待つ」。この to のあとは動名詞に。(4)動名詞が主語のときは，3 人称単数扱い。

❸ (1) **「～して楽しむ」は enjoy ～ing**。(2)動名詞を主語にした文にする。

❹「～することが好き」は like to ～ でも表せるが，ここでは like ～ing で表す。

No. 11 become, look, callなどの文

❶ (1) looks (2) became (3) call
❷ (1) looks like
(2) be [become] popular
(3) What, call (4) sounds
(5) call me (6) getting [becoming]
❸ (1) What made you so happy?
(2) father looked a little tired

解説 ❶ (1) **「～に見える」は〈look ＋形容詞〉**。(2)「～になる」は〈be [become] ＋名詞 [形容詞]〉。(3) **「A を B と呼ぶ」は call *A B***。

❷ (1)〈look like ＋名詞〉で「～のように見える」。(3)「～を何と呼びますか」は What do you call ～?。(4) sound は「～のように聞こえる」。(6)天候などの変化をいうときはふつう get を使う。

❸ (1) what が主語の疑問文。(2)「疲れて見える」は look tired。a little(少し)はふつう tired の前に置く。

No. 12 tell，showなどの文

❶ (1) give (2) show (3) us
❷ (1) made [cooked] them lunch
(2) bought [got] him (3) tell me
(4) send her
❸ (1) I ask you a question
(2) Can you show me some pictures
❹ Jane gave this magazine to me yesterday.

解説 ❶ (1)**「(人)に(物)を与える」**は**give**。(2)**「(人)に(物)を見せる」**は**show**。(3)目的語に代名詞がくるときは目的格に。
❷ (1)「(人)に(物)を作る」はmake。目的語は〈人＋物〉の語順。「彼らの昼食を作った」と考えてthemをtheirとしてもよい。(2)「(人)に(物)を買う」は〈buy＋人＋物〉。(3)「(人)に(物)を教える」は〈tell＋人＋物〉。ここでは，giveも使える。(4)「(人)に(物)を送る」は〈send＋人＋物〉。
❸ (1)「あなたに質問する」ということ。ask you a questionの語順。(2) showのあとは〈人(me)＋物(some pictures 〜)〉。
❹「(人)に(物)を与える」は〈give＋人＋物〉または〈give＋物＋to＋人〉の形。ここでは後者で表す。

No. 13 There is 〜. の文

❶ (1) There (2) are (3) wasn't
❷ (1) There is (2) There aren't
(3) There were
❸ (1) there is (2) many, there
❹ (1) Was there a concert in front of the station?
(2) There is no milk in the bottle.

解説 ❶ (1)**「…に〜がある[いる]」**は，**〈There is[are]＋主語＋場所を表す語句.〉**。(2)主語は複数。(3)過去の文で主語が単数なのでwasn't。
❷ (2) are notの短縮形を使う。(3)過去の文で主語が複数なので，There were 〜. の形。
❸ (1) **Is there 〜?** の疑問文には，**Yes, there is. / No, there isn't.** で答える。(2)「いくつ〜がありますか」は，**〈How many＋名詞の複数形＋are there …?〉**の形。
❹ (1)過去の疑問文。Was there 〜? で表す。(2) There is 〜. の否定文は，There is no 〜. の形でも表せる。数えられない名詞が主語のときは，is [was] を使う。

No. 14 比較級の文

❶ (1) taller than (2) run faster
(3) more difficult (4) Which, or
❷ (1) Tom is busier than Lisa.
(2) I got up much earlier than my father
❸ (1) His hands are bigger [larger] than mine.
(2) Baseball is more popular than tennis in my class.
(3) The U.K. is smaller than Japan.

解説 ❶ (1)(2)**「…よりも〜だ」**は比較級を使い，**〈比較級＋than …〉**。比較級は**〈原級＋er〉**。(3)比較的つづりの長い語は前にmore。(4)「AとBでは，どちらがより〜ですか」は，**〈Which is＋比較級，*A* or *B*?〉**。
❷ (1) busierはbusyの比較級。〈子音字＋y〉で終わる語はyをiにしてer。(2) muchは比較級の意味を強めて「ずっと」の意味。
❸ (1) bigの比較級は語尾を1字重ねてer。(2) popularは前に**more**をつけて比較級に。In my classで文を始めてもよい。(3) smallの比較級を使う。

No. 15 最上級の文

❶ (1) shortest (2) older (3) of
❷ (1) tallest in
(2) the nearest [closest]
(3) most, of (4) the hottest
❸ (1) Is that building the highest of the three?
(2) This watch is the most expensive in this store.
❹ This book was the most interesting of the five.

解説 ❶ (1)**「…の中でいちばん〜だ」**は最上

級を使い，**〈the ＋最上級＋ in[of] …〉**。最上級は**〈原級＋ est〉**。(2) 2人の人を比べているので，比較級の文。(3)「～の中で」は，複数を表す語句が続くときは of。

❷ 「いちばん～」なので最上級の文。最上級はふつう前に the をつける。(1)範囲を表す語が続くときは in。(3)比較的つづりの長い語は前に **most** をつける。

❸ (1)「3つの中で」は of the three。of を補う。(2)「最も高価な」は，the most expensive と表す。most を補う。

❹ interesting は前に most をつけて最上級にする。

No. 16 as ～ as …の文など

❶ (1) as, as　(2) as tall as
(3) as well
(4) Which, like, best / best

❷ (1) better　(2) more　(3) best

❸ (1) time is as important as money
(2) I like pop music better than rock music.
(3) I didn't study as hard as Jim.

解説 ❶ (1)(2)**「…と同じくらい～だ」**は**〈as ＋原級＋ as …〉**。(3)「じょうずに」は well。(4)**「～がいちばん好きだ」**は **like ～ the best**。

❷ well と good は better － best の形に，many と much は more － most の形に比較変化する。

❸ (1) as important as の語順に。(2)**「…よりも～のほうが好きだ」**は **like ～ better than …** で表す。(3) as ～ as … の否定形は，「…ほど～ではない」の意味になる。

No. 17 接続詞（that・if・whenなど）

❶ (1) when　(2) if　(3) before　(4) that

❷ (1) When, was
(2) don't think she's
(3) If, snows　(4) because　(5) was

❸ (1) showed me that the story was true
(2) was taking a shower when Mike called me

解説 ❶ (1)「駅に着いた<u>とき</u>」なので **when**。(2)「**もし**～に参加したいの**ならば**」なので **if**。(3)「夕食を食べる**前に**」なので **before**。(4) **that** は**「～ということ」**の意味で前の動詞の目的語となる文をつなぐ。

❷ (1)「若かった<u>とき</u>」ということ。when を使う。while でもよい。(2)「～ではないと思う」はふつう I don't think that ～. で表す。that は省略されることが多い。(3) if に続く文では未来のことでも**現在形**で表す。(4)「～なので」と理由を表すときは because。(5)接続詞 that（ここでは省略されている）の前の文が過去のとき，that に続く文もふつう動詞を**過去形**にする。

❸ (1)〈show ＋人＋物〉の（物）にあたるところに，「～ということ」を表す〈that ＋主語＋動詞～〉がくる形。(2)「～した<u>とき</u>」は when。

No. 18 受け身の文

❶ (1) known　(2) is spoken
(3) be returned

❷ (1) are made　(2) used by
(3) was written

❸ (1) is cleaned　(2) be seen

❹ (1) This desk is made of wood.
(2) people were killed in the accident

解説 ❶ (1)(2)**「～されている」**は，**〈be 動詞＋過去分詞〉**の形で表す。(3)〈助動詞＋ be ＋過去分詞〉の受け身の文。

❷ (1)「～されている」なので，〈be 動詞＋過去分詞〉で表す。(2)**「～によって」**は **by** を使う。(3)主語が単数で過去の文なので was を使う。

❸ (2)「夜には美しい星が見られます」。助動詞 can を使った受け身の文。

❹ (1) be made of ～ で「(材料が)～でできている」。(2)「～で亡くなる」は be killed in ～。

No. 19 受け身の否定文・疑問文

❶ (1) taken　(2) spoken　(3) weren't

❷ (1) Was, used　(2) wasn't taught
(3) What [Which], are　(4) isn't made

❸ (1) it was (2) they weren't
❹ (1) This park isn't [is not] cleaned every day.
(2) When was your house built?

解説 ❶ (1)(3)受け身の否定文で**〈be 動詞＋not＋過去分詞〉**の形。過去の文では be 動詞は過去形を使う。(2)受け身の疑問文で**〈be 動詞＋主語＋過去分詞 ～?〉**の形。
❷ (1)過去の受け身の疑問文。(2)過去の受け身の否定文。(3)疑問詞を使った受け身の疑問文。What languages(何語)で文を始め，あとは受け身の疑問文。(4) **be made from ～ は「(原料が)～から作られている」**。
❸ 受け身の疑問文には be 動詞を使って答える。
❹ (1)受け身の否定文。be 動詞のあとに not。(2)疑問詞 when を使った受け身の疑問文。

No. 20 いろいろな会話表現

❶ (1) Here you are.
(2) That's too bad.
(3) Sounds good.
❷ (1) tell [show], way / Go [Walk], turn, second / on
(2) What's wrong / have
(3) speak [talk] / Just [Wait]
(4) help / looking for / How [What] about / take [buy]

解説 ❶ (1)「パスポートを見せてください」「はい，どうぞ」。(2)「この前の日曜日は病気で寝ていました」「それはお気の毒に」。(3) Why don't we ～? は「(いっしょに)～しませんか」と提案する表現。Sounds good. は「(それは)いいですね」のように応じるときの言い方。
❷ (1) tell[show] … the way to ～ で「～への行き方を…に教える」。(2)体調を気づかうときは，What's wrong? と言う。What happened? でもよい。(3)「お待ちください」は Hold on, please. とも言う。(4)「～はどうですか」とすすめるときは，How about ～? を使う。

No. 21 総復習テスト（英語）

❶ (1) heavier (2) was using
(3) going to visit (4) to come
(5) Are
❷ (1) was (2) talking (3) swimming
(4) taken (5) best
❸ (1) Why / To teach
(2) send me / will / that
(3) Shall, if it's / Sounds [That's]
(4) Should / have [need]
❹ (1) can [may] (2) how to
(3) looked, when (4) because, was
❺ (1) going to go to the museum to see
(2) tell me the best way to study English
(3) This website will be seen by
❻ (1) Why don't we go shopping?
(2) What are you going to do this weekend?
(3) How many students are there in your school?

解説 ❸ (1)理由や目的をたずねるときは why。目的を答える文では不定詞を使う。(2)「～だと思う」は I think that ～. で表す。(3)「～しませんか」は Shall we ～?，「もし～なら」は接続詞 if を使う。(4) don't have[need] to ～で「～する必要はない」。
❹ (1)「～してもよい」は can[may]。(2)「～のしかた」は how to ～。(3)「～のとき」は when。(4)理由を表すときは because。
❺ (1)「～するつもりだ」は be **going** to ～。going を補う。(2)「いちばんよい方法」は the **best** way。best を補う。(3)〈助動詞＋ be ＋過去分詞〉の形。be を補って will be seen(見られるでしょう)と表す。
❻ (1) **Why don't we ～?** で表す。(2) be going to ～ を使ってたずねる。(3)「～は何人いますか」は How many ～ are there? で表す。

No. 22 式の加減

❶ (1) 項 $8a$, $-5b$　1次式
(2) 項 x^2, $4x$, -9　2次式
(3) 項 xy, $-x^2y^2$, $-xyz$　4次式
(4) 項 $\frac{1}{4}ab$, $-\frac{1}{2}a^2$, $\frac{b^3}{3}$　3次式

❷ (1) $5x-y$　(2) $-9a^2+7a$
(3) $-3x^2+3x-7$　(4) $\frac{2}{3}b-\frac{1}{2}ab$

❸ (1) $6a-b$　(2) $5x-7y-4$
(3) $6x+2y$　(4) $3m^2-3m-4$

❹ (1) 和 $-a-2b$　差 $-3a+4b$
(2) 和 $-x$　差 $9x-6xy$

解説

❶ 多項式では，**各項の次数のうちで最も大きいものを**，その多項式の**次数**という。

❸(4)　$(m^2-6m-3)-(1-3m-2m^2)$
$=m^2-6m-3-1+3m+2m^2$
$=3m^2-3m-4$

No. 23 数と多項式の乗除

❶ (1) $6a-21b$　(2) $-4x+3y$
(3) $-5x-8y$　(4) $10a-25a^2$

❷ (1) $7a-b$　(2) $13x+4y$
(3) $-3m+6n$　(4) $2a^2-2a-8$
(5) $10a-b$　(6) $x-\frac{1}{6}y$

❸ (1) $\frac{5x+y}{8}$　(2) $\frac{7a+b}{6}$
(3) $\frac{a+9b}{5}$　(4) $\frac{-x+2y}{12}$

解説

❸(4)　$\frac{3x-2y}{4}-\frac{5x-4y}{6}$
$=\frac{3(3x-2y)-2(5x-4y)}{12}$
$=\frac{9x-6y-10x+8y}{12}$
$=\frac{-x+2y}{12}$

No. 24 単項式の乗除

❶ (1) $6ab$　(2) $-28x^2y$
(3) $4mn$　(4) $20x^3$

❷ (1) $6y$　(2) $-5a$
(3) $-\frac{9}{2}ab$　(4) $50y$

❸ (1) $-70a^2b^2$　(2) x^3
(3) $-8xy$　(4) $3a$

❹ (1) -1　(2) 12

解説

❹(1)　$7(x-2y)-3(2x-5y)$
$=7x-14y-6x+15y=x+y=2+(-3)=-1$

(2)　$4x^2\times3y^2\div(-6xy)=-\frac{4x^2\times3y^2}{6xy}$
$=-2xy=-2\times2\times(-3)=12$

No. 25 文字式の利用

❶ 奇数からはじまる連続する3つの自然数は，n を整数として，$2n+1$，$2n+2$，$2n+3$ と表せるから，これらの和は，
$(2n+1)+(2n+2)+(2n+3)=6n+6$
$=6(n+1)$
$n+1$ は整数だから，$6(n+1)$ は6の倍数である。したがって，奇数からはじまる連続する3つの自然数の和は6の倍数になる。

❷ 百の位の数を x，十の位の数を y，一の位の数を z とすると，3けたの自然数は $100x+10y+z$ と表せる。
また，$x-y+z=11$ より，$z=11-x+y$ だから，
$100x+10y+z=100x+10y+(11-x+y)$
$=99x+11y+11=11(9x+y+1)$
$9x+y+1$ は整数だから，$11(9x+y+1)$ は11の倍数である。したがって，この3けたの整数は11の倍数になる。

❸ $\frac{3}{2}$倍

❹ (1) $b=\frac{2}{3}a-2$　(2) $z=\frac{y-3x}{5}$

解説

❸円錐 A の体積は，$\frac{1}{3}\times\pi r^2\times h=\frac{1}{3}\pi r^2 h$

円柱 B の体積は，

$\pi\times\left(\frac{1}{2}r\right)^2\times 2h=\frac{1}{2}\pi r^2 h$

よって，$\frac{1}{2}\pi r^2 h\div\frac{1}{3}\pi r^2 h=\frac{3}{2}$(倍)

No. 26 連立方程式の解き方①

❶ ㋑，㋓

❷ (1) $x=3$，$y=6$　(2) $x=2$，$y=-5$

(3) $x=-4$，$y=3$　(4) $x=1$，$y=-2$

(5) $x=-2$，$y=-3$　(6) $x=4$，$y=-1$

(7) $x=-3$，$y=-2$　(8) $x=1$，$y=-\frac{1}{2}$

解説

❷(7)　(上の式)×2−(下の式)×5 で x を消去。

(8)　(上の式)×3＋(下の式)×2 で y を消去。

No. 27 連立方程式の解き方②

❶ (1) $x=2$，$y=-3$　(2) $x=6$，$y=2$

(3) $x=3$，$y=-1$　(4) $x=-1$，$y=5$

❷ (1) $x=-4$，$y=1$　(2) $x=-1$，$y=-2$

(3) $x=8$，$y=-4$　(4) $x=-6$，$y=5$

(5) $x=-3$，$y=6$　(6) $x=9$，$y=5$

解説

❶(3)　下の式を上の式に代入して，

$3x+5(2x-7)=4$，$3x+10x-35=4$，

$13x=39$，$x=3$

$x=3$ を下の式に代入して，

$y=2\times3-7=-1$

❷かっこのある連立方程式は，**かっこをはずして整理**してから解く。

No. 28 連立方程式の利用①

❶ $a=-2$，$b=5$

❷ 49

❸ シュークリーム…6個，ケーキ…4個

❹ 自転車で走った道のり…8 km

歩いた道のり…2 km

解説

❶a，b についての連立方程式

$\begin{cases}4a+3b=7\\4a-9=3-4b\end{cases}$ をつくり，解く。

❷もとの自然数の十の位の数を x，一の位の数を y とすると，

$\begin{cases}x+y=13\\10y+x=10x+y+45\end{cases}$

❸シュークリームを x 個，ケーキを y 個買う予定であったとすると，

$\begin{cases}120x+200y=1520\\200x+120y=1520+160\end{cases}$

❹自転車で走った道のりを x km，歩いた道のりを y kmとすると，$\begin{cases}x+y=10\\\frac{x}{12}+\frac{y}{4}=1\frac{10}{60}\end{cases}$

No. 29 連立方程式の利用②

❶ 大きい数…16，小さい数…−7

❷ 電車の長さ…180m

電車の速さ…時速72km

❸ A の濃度…15%，B の濃度…8%

❹ 兄…6000円，弟…4500円

解説

❶大きい数を x，小さい数を y とすると，

$\begin{cases}x+2y=2\\2x-y=39\end{cases}$

❷電車の長さを xm，速さを秒速 ym とすると，

$\begin{cases}x+340=26y\\x+2520=135y\end{cases}$

これを解くと，$x=180$，$y=20$

ここで，秒速20m を時速に直すと，

$20\times60\times60\div1000=72$(km)

❸A の濃度を x%，B の濃度を y%とすると，

$\begin{cases}200\times\frac{x}{100}+150\times\frac{y}{100}=(200+150)\times\frac{12}{100}\\120\times\frac{x}{100}+300\times\frac{y}{100}=(120+300)\times\frac{10}{100}\end{cases}$

❹はじめに，兄が x 円，弟が y 円持っていたとすると，

$\begin{cases}\frac{75}{100}x+\frac{40}{100}y=6300\\\frac{60}{100}y-\frac{25}{100}x=1200\end{cases}$

No.30 1次関数とグラフ①

❶ (1) **いえない。**　(2) **いえる。**
(3) **いえない。**　(4) **いえる。**

❷ (1) $-\frac{1}{2}$　(2) -4

❸ (1) **傾き2，切片−7**
(2) **x軸との交点…$\left(\frac{7}{2},\ 0\right)$**
y軸との交点…$(0,\ -7)$
(3) **$a=-1$**
(4) ㋐，㋓

解説

❷(1)　1次関数 $y=ax+b$ の**変化の割合は一定**で，x の係数 a に等しい。

❸(2)　x 軸上の点の y 座標は0だから，x 軸との交点の x 座標は，$y=2x-7$ に $y=0$ を代入して求める。

No.31 1次関数とグラフ②

❶ (1) ㋑，㋓
(2) ㋐
(3) ㋑，㋒

❷ **右図**

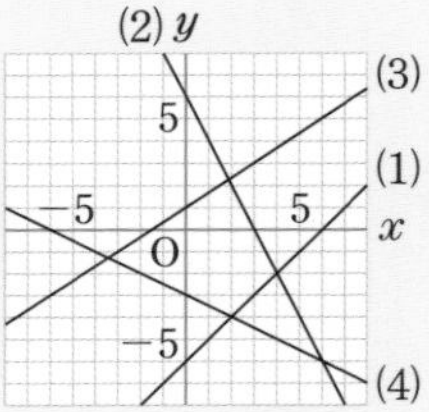

❸ (1) **$y=-\frac{3}{2}x-3$**
(2) **$y=2x+2$**
(3) **$y=\frac{2}{3}x-1$**

解説

❶(1)　傾きが正の場合，グラフは右上がり，傾きが負の場合，グラフは右下がりになる。
(2)　傾きが等しい直線は平行である。
(3)　点$(0,\ -8)$は y 軸上の点であり，グラフの切片を表す。

❷(3)　切片が1だから，点$(0,\ 1)$をとる。次に，傾きが$\frac{2}{3}$だから，その点より，右に3つ上に2つ進んだ点$(3,\ 3)$をとり，2点を結ぶ。

別解　グラフ上の2点を求めて結んでもよい。

❸(1)　切片は−3で，その点から，右に2つ下に3つ進んだ点を通るから，傾きは$-\frac{3}{2}$である。

No.32 直線の式・方程式とグラフ

❶ (1) **$y=\frac{1}{2}x-9$**
(2) **$y=-2x-6$**
(3) **$y=-4x+5$**
(4) **$y=3x-8$**

❷ **右図**

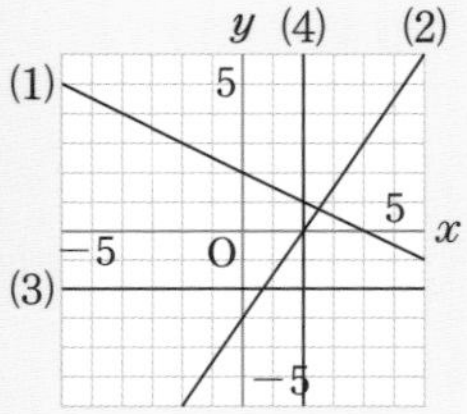

❸ $\left(\frac{12}{5},\ -\frac{4}{5}\right)$

解説

❶(3)　求める式を $y=ax+b$ とおき，この式に2点の座標を代入して，a，b についての連立方程式をつくり，解く。

別解　2点の座標から，直線の傾きを求めると，$\frac{9-(-7)}{-1-3}=-4$

求める式を $y=-4x+b$ とおき，この式にどちらか1点の座標を代入して，b の値を求める。

❸ ℓ は $y=-2x+4$，m は $y=\frac{1}{2}x-2$ だから，

連立方程式 $\begin{cases} y=-2x+4 \\ y=\frac{1}{2}x-2 \end{cases}$ を解く。

No.33 1次関数の利用

❶ (1) **$y=3x$**
$(0\leqq x\leqq 4)$
$y=-2x+20$
$(4\leqq x\leqq 10)$
(2) **右図**
(3) **3秒後，$\frac{11}{2}$秒後**

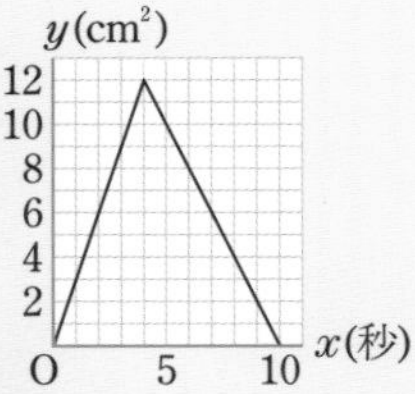

❷ (1) **歩く速さ…分速60m**
走る速さ…分速100m
(2) **8分20秒後**

解説

❶(1)　$0\leqq x\leqq 4$ のとき，$y=\frac{1}{2}\times x\times 6$

$4\leqq x\leqq 10$ のとき，$y=\frac{1}{2}\times(10-x)\times 4$

(3)　$y=3x$ に $y=9$ を代入して，$9=3x$，
$x=3$(秒後)

$y=-2x+20$ に $y=9$ を代入して，

$9=-2x+20$，$2x=11$，$x=\frac{11}{2}$(秒後)

❷(1)　出発してから10分後に，グラフの傾きが変わるので，0 分から10分後までは歩き，10分後から14分後までは走ったことがわかる。

No. 34 平行線と角

❶ (1) **$\angle x=65°$，$\angle y=75°$**
(2) **$\angle x=30°$，$\angle y=80°$**

❷ (1) **$\angle x=65°$**　(2) **$\angle x=50°$**

❸ (1) **900°**　(2) **40°**

❹ (1) **$\angle x=120°$**　(2) **$\angle x=40°$**

解説

❶平行な 2 直線に 1 つの直線が交わるとき，
・同位角は等しい。　・錯角は等しい。

❷三角形の内角と外角の性質
・三角形の内角の和は180°
・三角形の外角は，それととなり合わない 2 つの内角の和に等しい。

❸(1)　n 角形の内角の和は，**$180°\times(n-2)$**
(2)　多角形の外角の和は**360°**

❹(2)　右の図のように補助線をひくと，

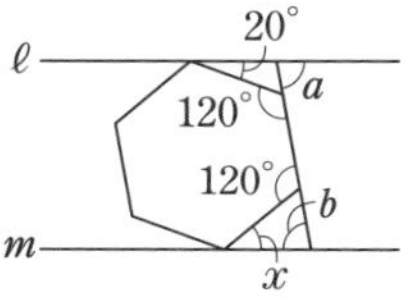

$\angle a=20°+60°$
$=80°$
$\angle b=\angle a=80°$
$\angle x=120°-80°=40°$

No. 35 合同と証明

❶ (1) **辺 FJ**　(2) **∠G**
(3) **① 6 cm**　**② 7 cm**
(4) **① 100°**　**② 110°**

❷ (1) **〔仮定〕$A=B$**
〔結論〕$A+C=B+C$
(2) **〔仮定〕x が10の倍数**
〔結論〕x は 5 の倍数
(3) **〔仮定〕$\ell\perp m$，$\ell\perp n$**
〔結論〕$m \parallel n$
(4) **〔仮定〕2 直線が平行**
〔結論〕錯角は等しい

No. 36 三角形の合同条件と証明

❶ (1) **△ABD≡△CBD**
3 組の辺がそれぞれ等しい。
(2) **△ADC≡△BDC　2 組の辺とその間の角がそれぞれ等しい。**
(3) **△AEB≡△DEC　1 組の辺とその両端の角がそれぞれ等しい。**

❷ **点 E と C，D をそれぞれ結ぶ。**
△COE と△DOE において，
OE は共通　……①
OC，OD は 1 つの円の半径だから，
OC=OD　……②
CE，DE は等しい円の半径だから，
CE=DE　……③
①，②，③から，3 組の辺がそれぞれ等しいので，△COE≡△DOE
合同な図形の対応する角は等しいから，
∠AOE=∠BOE

❸ **△ABD と△ACE において，**
△ABC は正三角形だから，
AB=AC　……①
△ADE は正三角形だから，
AD=AE　……②
正三角形の 1 つの内角は60°だから，
∠BAD=∠BAC−∠DAC
=60°−∠DAC　……③
∠CAE=∠DAE−∠DAC
=60°−∠DAC　……④
③，④から，∠BAD=∠CAE　……⑤
①，②，⑤から，2 組の辺とその間の角がそれぞれ等しいので，△ABD≡△ACE

解説

❶(3)　AB // CD より，錯角は等しいから，
∠A=∠D，∠B=∠C

No. 37 三角形

❶ (1) **$\angle x=70°$，$\angle y=40°$**
(2) **$\angle x=65°$，$\angle y=15°$**

❷ **△DBC と△ECB において，**
仮定より，BD=CE　……①
BC は共通　……②

AB＝AC だから，
∠DBC＝∠ECB ……③
①，②，③から，2 組の辺とその間の角がそれぞれ等しいので，△DBC≡△ECB
合同な図形の対応する角は等しいから，
∠FCB＝∠FBC
これより，2 つの角が等しいので，
△FBC は二等辺三角形である。

❸ △DBA と△EAC において，
仮定より，AB＝CA ……①
∠ADB＝∠CEA＝90° ……②
∠BAD＝180°－∠BAC－∠EAC
＝180°－90°－∠EAC
＝90°－∠EAC ……③
∠ACE＝180°－∠CEA－∠EAC
＝180°－90°－∠EAC
＝90°－∠EAC ……④
③，④から，∠BAD＝∠ACE ……⑤
①，②，⑤から，直角三角形の斜辺と 1 つの鋭角がそれぞれ等しいので，
△DBA≡△EAC

❹ △ABC＝△DEFならば，
△ABC≡△DEF
正しくない。

解説

❶ 二等辺三角形の底角は等しい。
(2)　$\angle x=(180°-50°)\div 2=65°$
$\angle y=\angle x-50°=65°-50°=15°$

❹ 反例をあげると，
右の図で，
△ABC＝△DEF
であるが，
△ABC≡△DEF
ではない。

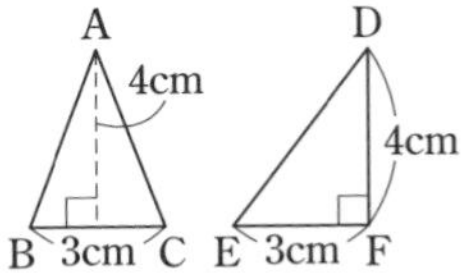

No. 38 平行四辺形

❶ (1) 55°　(2) 125°
(3) 4 cm　(4) 2 cm

❷ △AOP と△COQ において，
平行四辺形の対角線はそれぞれの中点で交わるから，AO＝CO ……①
対頂角は等しいから，
∠AOP＝∠COQ ……②
AD // BC で，錯角は等しいから，
∠PAO＝∠QCO ……③
①，②，③から，1 組の辺とその両端の角がそれぞれ等しいので，
△AOP≡△COQ
合同な図形の対応する辺は等しいから，
OP＝OQ

❸ AD // BC より，AE // FC ……①
AD＝BC で，点 E，F はそれぞれ辺 AD，BC の中点だから，
AE＝FC ……②
①，②より，1 組の対辺が平行でその長さが等しいから，四角形 AFCE は平行四辺形である。
よって，GF // EH ……③
同様に，四角形 EBFD も平行四辺形だから，EG // HF ……④
③，④から，2 組の対辺が平行だから，四角形 EGFH は平行四辺形である。

No. 39 平行線と面積

❶ (1) 長方形　(2) ひし形　(3) 正方形
❷ 長方形
❸ (1) △DBC　(2) △ABO
❹ 24cm^2

解説

❷ ∠AEB＝180°－(∠ABE＋∠BAE)
＝180°－(∠ABC＋∠DAB)÷2
＝180°－180°÷2＝180°－90°＝90°
よって，∠HEF＝90°
同様に，∠F＝∠FGH＝∠H＝90°

❸(2)　△DOC＝△DBC－△OBC
＝△ABC－△OBC＝△ABO

❹ 対角線 BD をひき，AC との交点を O とする。
OP＝CP だから，△OBP＝△PBC＝4cm^2
OB＝OD だから，△ODP＝△OBP＝4cm^2
よって，△ABD＝△CDB＝4×4＝16(cm^2)
したがって，
四角形 ABPD＝16＋4＋4＝24(cm^2)

No.40 確率①

❶ (1) $\frac{1}{4}$　(2) $\frac{1}{13}$　(3) $\frac{3}{13}$　(4) $\frac{2}{13}$

❷ (1) **8通り**　(2) $\frac{1}{8}$　(3) $\frac{3}{8}$

❸ (1) **36通り**　(2) $\frac{1}{6}$　(3) $\frac{1}{12}$　(4) $\frac{1}{6}$

解説

❷(1)　3枚の硬貨の表と裏の出方を樹形図に表すと，下のようになる。

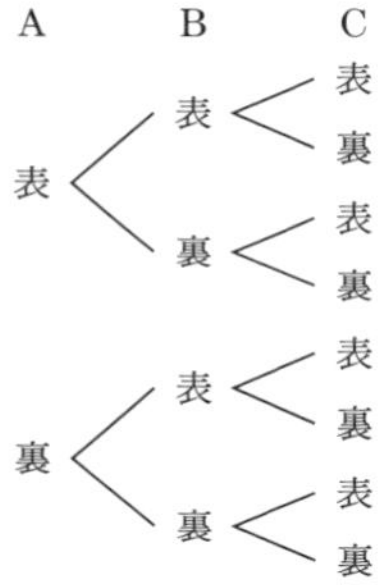

の8通りある。

(3)　上の図より，(A，B，C)…(表，裏，裏)，(裏，表，裏)，(裏，裏，表)の3通りある。

❸(3)　(大，小)…(1，3)，(2，2)，(3，1)の3通りある。

(4)　(大，小)…(4，6)，(5，5)，(5，6)，(6，4)，(6，5)，(6，6)の6通りある。

No.41 確率②

❶ (1) $\frac{1}{2}$　(2) $\frac{1}{3}$

❷ (1) $\frac{8}{15}$　(2) $\frac{2}{5}$　(3) $\frac{7}{15}$

❸ (1) $\frac{1}{10}$　(2) $\frac{3}{5}$

解説

❶ 2枚のカードのひき方を樹形図に表すと，下のようになる。

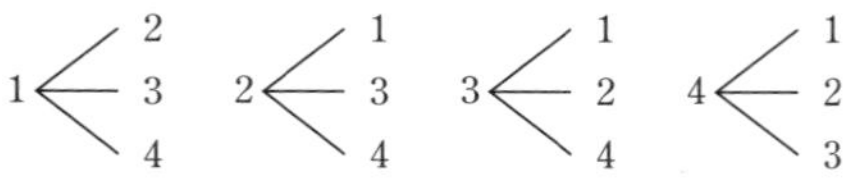

(2)　3の倍数は，12，21，24，42の4通り。

❷ 玉の取り出し方は，下のようになる。

❸ 2人のくじのひき方は，全部で20通り。

(2)　Aがあたり，Bがはずれの場合の数は6通り，Aがはずれ，Bがあたりの場合の数は6通りで，合わせて12通り。

No.42 確率③

❶ (1) $\frac{3}{16}$　(2) 0　(3) $\frac{1}{4}$　(4) $\frac{1}{4}$

(5) $\frac{3}{4}$

❷ (1) $\frac{3}{10}$　(2) $\frac{3}{5}$　(3) $\frac{7}{10}$

解説

❶ すべての場合の数は16通りある。

(1)　[1]—[3]，[2]—[2]，[3]—[1]の3通りある。

(3)　積が6の場合は，[2]—[3]，[3]—[2]の2通り。積が12の場合は，[3]—[4]，[4]—[3]の2通り。

よって，求める確率は，$\frac{4}{16}=\frac{1}{4}$

(4)　9の約数は1，3，9だから[1]—[1]，[1]—[3]，[3]—[1]，[3]—[3]の4通りある。

(5)　積が9以上になる確率は $\frac{4}{16}=\frac{1}{4}$ だから，

求める確率は，$1-\frac{1}{4}=\frac{3}{4}$

❷ すべての場合の数は10通りある。

	A	B	C	D	E
A	＼	○	○	○	○
B		＼	○	○	○
C			＼	○	○
D				＼	○
E					＼

(2)　男女1人ずつ選ばれる場合の数は，6通りだから，求める確率は，$\frac{6}{10}=\frac{3}{5}$

(3)　2人とも男子が選ばれない確率を求めて，(1)より，$1-\frac{3}{10}=\frac{7}{10}$

No. 43 箱ひげ図

❶ (1) 第1四分位数…6
第2四分位数…10
第3四分位数…19
(2) 13
(3)

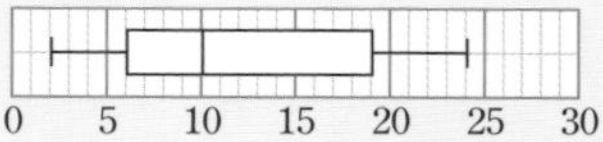

❷ (1) ㋐…いえない。
㋑…いえない。
㋒…いえる。
(2) 1組…㋑　　2組…㋒

解説

❶(1)　データを小さい順に並べる。

2，3，6，7，9，｜11，15，19，21，24

第1四分位数　　第3四分位数
第2四分位数（中央値）

第2四分位数は9と11の平均値で，$\frac{9+11}{2}=10$

(2)　第3四分位数－第1四分位数＝19－6＝13

(3)

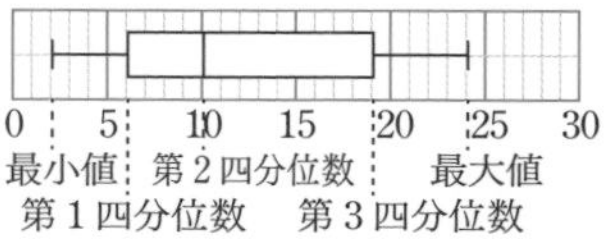

❷(1)　㋐四分位範囲は1，2組ともに4mである。
㋑箱ひげ図の右のひげの部分は，第3四分位数から最大値までの間のデータをふくむ。
㋒2組の中央値は21mだから，2組には，21m以上の人が8人はいる。

(2)　1組は箱ひげ図の箱の位置が左に寄っているので，ヒストグラムの山の位置が左にある㋑のグラフを選ぶ。

2組は1組より，箱ひげ図の範囲は狭く，データの散らばりの程度は小さい。また，ほぼ左右対称であることから，㋒のグラフを選ぶ。

No. 44 総復習テスト（数学）

❶ (1) $-x^2+2x$　　(2) $\frac{4x+y}{6}$

❷ (1) -2　　(2) 6

❸ (1) $x=2,\ y=3$　　(2) $x=-1,\ y=-4$

❹ Tシャツ…1500円，スニーカー…5000円

❺ (1) $y=2x+5$　　(2) $y=-x-4$

❻ $\angle x=60°$，$\angle y=100°$

❼ ∠DAE＝70°，∠AED＝75°

❽ (1) △ADCと△ABEにおいて，正三角形DBAの辺だから，AD＝AB ……①
正三角形EACの辺だから，
AC＝AE ……②
また，正三角形の1つの内角は60°だから，
∠DAC＝∠DAB＋∠BAC
＝60°＋∠BAC ……③
∠BAE＝∠BAC＋∠CAE
＝∠BAC＋60° ……④
③，④から，∠DAC＝∠BAE ……⑤
①，②，⑤から，2組の辺とその間の角がそれぞれ等しいので，
△ADC≡△ABE
(2) 60°

❾ (1) $\frac{7}{36}$　　(2) $\frac{7}{18}$

解説

❹Tシャツの定価をx円，スニーカーの定価をy円とすると，$\begin{cases} x+y=6500 \\ 0.8x+0.7y=4700 \end{cases}$

❼∠DAE＝∠AEB＝(180°－40°)÷2＝70°
∠CED＝(180°－110°)÷2＝35°
∠AED＝180°－70°－35°＝75°

❽(2)　△PAEと△PQCで，対頂角は等しく，(1)より∠AEP＝∠PCQだから，残りの角も等しいので，∠PQC＝∠PAE＝60°

❾(2)　Aが6…Bは1，2，3，6の4通り。
Aが5…Bは1，5の2通り。
Aが4…Bは1，2，4の3通り。
Aが3…Bは1，3の2通り。
Aが2…Bは1，2の2通り。
Aが1…Bは1の1通り。

国語

No. 45-65

No. 45 漢字の読み・書き

❶ (1) あわ (2) おとろ (3) なま (4) うば (5) お (6) はれつ (7) けいやく (8) みりょく (9) がいりゃく (10) きょうぐう

❷ (1) 握 (2) 黙 (3) 悩 (4) 倒 (5) 占 (6) 就寝 (7) 洗剤 (8) 連絡網 (9) 壁画 (10) 一般的

解説 ❶ (9)「概」は「慨」と同じ音読み。❷ (4)「倒」は同じ部分をもつ「到」と書き間《ま》違《ちが》えないように。(8)「網」は形の似た「綱」と書き間違えないように。

No. 46 対義語・類義語／多義語

❶ (1) 倣 (2) 慢 (3) 穏 (4) 端 (5) 腕 (6) 倹 (7) 屈 (8) 突

❷ (1) 辛い (2) 吐く (3) 濃い (4) 遅い

❸ (1) つかむ (2) つなぐ (3) そそのかす

❹ (1) 付く (2) 回る (3) 流す

解説 ❷ (1)「子供に甘い」といえば対義語は「厳しい」となる。文意によって、同じ言葉でも対義語が異なる場合があるので注意。❸ (2)「結ぶ」は、文によっては「縛《しば》る」も類義語になるが、ここでの文の意味には合わない。❹ (1)「両者の勝負が付く。」の「付く」は、「はっきりする」の意味。

No. 47 同訓異字／同音異義語／形の似た字

❶ (1) **ア**割 **イ**裂 (2) **ア**添 **イ**沿 (3) **ア**冒 **イ**侵 **ウ**犯 (4) **ア**対象 **イ**対照 **ウ**対称

❷ (1) 模倣 (2) 感慨 (3) 遭遇 (4) 搬入 (5) 犠牲

❸ (1) 保証 (2) 補償 (3) 保障

解説 ❶ (1) **ア**「割く」は、**時間・場所・労力などの一部分を分け与《あた》える**などというときに、**イ**「裂《さ》く」は、**引き破る・引き離《はな》す**などというときに使う。(3) それぞれの用法に注意。**ア**「冒《おか》す」は、**危険なことや無謀《むぼう》な行いを敢《あ》えてするとき**に使う。**イ**「侵《おか》す」は、**領土や他人の権利などに不法に入り込《こ》むとき**に使う。**ウ**「犯す」は、**罪やミスなどに関して**使う。

No. 48 敬語

❶ (1) **ウ** (2) **イ** (3) **ア** (4) **ア** (5) **イ**

❷ (1) × (2) ○ (3) ○ (4) ×

❸ (1) 申し上げます (2) 召し上がる (3) いただく (4) おっしゃる (5) お出しする

❹ (1) 調べる (2) だ(である)

解説 ❷ (1)「お話しする」、(4)「申して」は**謙譲《けんじょう》語**なので、先生の動作に使うのは不適切。❸ (3)「いただく」は、「もらう」「食べる・飲む」の**謙譲語**である。❹ (1)「お～致《いた》す」は謙譲語、「ます」は丁寧《ていねい》語なので、それらを除く。(2)「ございます」は補助動詞「ある」の丁寧語。「で」は助動詞「だ」の連用形なので、「ございます」を除いて、「で」を終止形「だ」に直す。

No. 49 熟語の成り立ち

❶ (1) 舞踊 (2) 緩急 (3) 豪雨 (4) 免職 (5) 日没 (6) 未遂 (7) 御意 (8) 陰性

❷ (1) 不 (2) 的 (3) 未 (4) 感 (5) 無 (6) 性

❸ (1) 祝宴 (2) 発汗 (3) 鍛錬 (4) 呉服店 (5) 衣食住 (6) 急斜面

解説 ❸ それぞれの構成は、(1) 上が下を修飾《しゅうしょく》する、(2)下が上の動作の対象、(3)上下が似た意味、(4)二字熟語の下に漢字一字の言葉が付いたもの、(5)漢字一字の言葉を並べたもの、(6)二字熟語の上に漢字一字の言葉が付いたもの。

No.50 活用する自立語

❶ (1)咲く・押す (2)狭い・粗い
(3)損だ・見事だ （(1)～(3)は各順不同）
❷ (1)ア (2)イ (3)イ (4)ア
❸ (1)イ (2)ア (3)ア (4)イ
❹ (1)イ (2)ア (3)ウ (4)エ

解説 ❷ 自動詞は、主語自身の動作や変化を表す動詞であることを押《お》さえる。
❹ 補助動詞・補助形容詞は**「～て（で）」の下**に付くことが多い。

No.51 活用しない自立語

❶ (1)オ (2)イ (3)ア (4)ウ (5)エ
❷ (1)ア (2)イ (3)ア (4)イ
❸ (1)だから (2)つまり (3)または
(4)しかし
❹ (1)ウ (2)ア (3)イ

解説 ❶ (5)**エ**形式名詞は、**本来の意味が薄《うす》れ、補助的に使われている**名詞。
❷ (3)「かなり」のような程度の副詞は、体言を修飾《しゅうしょく》することもある。
❸ それぞれの接続詞の種類は、(1)は**順接**、(2)は**説明**、(3)は**選択《せんたく》**、(4)は**逆接**。
❹ 「感動」の感動詞には「ああ・あれ」など、「応答」の感動詞には「いいえ・うん」など、「挨拶《あいさつ》」の感動詞には「おはよう・さようなら」などもある。

No.52 用言の活用

❶ (1)エ (2)オ (3)イ (4)ウ (5)ア
(6)イ
❷ (1)ウ (2)ア (3)イ
❸ (1)未然 (2)仮定 (3)連用 (4)連体
(5)連用 (6)仮定
❹ (1)たのしゅう (2)あつう

解説 ❷ 動詞の音便《おんびん》とは、**五段活用の連用形が「た（だ）」「て（で）」に続くとき**に、発音しやすいように変化したもの。
❸ (1)は「～う」と続いているので未然形、(2)・(6)は「～ば」と続いているので仮定形。(3)打ち消しの補助形容詞「ない」に接続している形容詞（形容動詞も）は連用形。(4)は体言に続いているので連体形、(5)は用言「片付ける」を修飾しているので連用形。
❹ 形容詞の音便は、連用形「～く」に「ございます」などが続くとき、「～う」と変化したもので、**ウ音便**という。

No.53 小説①

❶ (1)視点を据えたような見入り方（で、じいっと）
(2)驚かせた (3)祖母の身内
(4)①美貌の少女（美しい少女）
②彼女に関する噂の性質から
(5)不良

解説 (4)②冴子《さえこ》が美人でなければ噂《うわさ》されないような内容であったことを押《お》さえる。

No.54 小説②

❶ (1)例土蔵の中に見慣れない鞄が一つ置かれてあったから。
(2)時々、心の（心の中で）
～」と思った（と思った。）
(3)鉄棒・角力
(4)例平生より遅く、日がすっかり暮れてから、家へ帰ったこと。
(5)例明らかに敵意のこもった言葉を発した。

解説 (2)「時々、心の中で……と思った」は、鮎太《あゆた》の心から冴子のことが離《はな》れない様子を表している。
(4)「平生《へいぜい》」とは「**ふだん**。**いつも**」の意味。冴子が来たと知って、その日はいつもより遅《おそ》く家に帰ったのである。

No. 55 随筆《ずいひつ》①

1 (1) 例・年中手に入ること。
・香りがしないこと。（順不同）
(2) エ (3) イ
(4) ㋐例骨が刺さる危険があるから。
㋑例ときには骨を立てるのも、生きて行くのに必要な用心ぶかさへの教訓になる。

解説 (2)「旬《しゅん》」とは「野菜・魚などの食べ物が最も出回り、最も味のよい時期」。
(3)□の前では、失われた旬（季節感）を「補おうとするかのように、人々は歳時記《さいじき》に興味をもち出し」、女性の俳句熱も高まっている、あとでは、「俳句で旬の代《かわ》りにすることはできない」と言っている。前後で相反する内容になっているので、**イ**「しかし」が入る。

No. 56 随筆②

1 (1) 活力を低下 (2) イ
(3) 野生、自然に近いものを常食
(4) Aイ Bウ

解説 (3)「貧しい食生活」という言葉は、活動力・生命力をつけるものを食べる生活として、良い意味で使われていることに注目。
(4) B最後の一文は、後ろから5行目にある「文明」という言葉を使った、皮肉のこもった表現となっている。

No. 57 説明文①

1 (1) あやまる (2) イ (3) おそらくそ
(4) 例争いはいよいよこじれ、取り返しがつかないことになる。
(5) エ

解説 (2)「横車」とは「**道理に合わないことを無理に押《お》し通そうとすること**」。
(4)後ろから5行目の「事実、あやまらないと、……」という一文に注目する。この一文をもとにまとめる。
(5)**エ**「情」は、「人情」を意味する。

No. 58 説明文②

1 (1) （まるで、）世間を騒がせたので悪かった、と言っているかに見えるから
(2) エ (3) ウ
(4) ㋐例公けの立場にある人。
㋑例裁判などで公的立場にある側が敗れたときや、汚職などで人々の厳しい批判を浴びたとき。
(5) もうひとつ

ANSWERS

解説 (5)パターン化された謝罪の言葉の具体例として、「世間をお騒《さわ》がせして」と「厳粛《げんしゅく》に受けとめる」とのが二つが挙げられている文章。

No. 59 論説文①

1 (1) 教えられる・吸収・育っている・必要
(2) 例野球の投手に早くから無理な変化球を投げさせること。
(3) 例選手に多くを「教えこみ」すぎて、「育てる」ことを忘れること。
(4) イ

解説 (1)――①の文のあとに続く二つの文に書かれていることを読み取る。
(4)□の前では「他の人たちがどんどんと強くなってゆく」、あとでは「（高校時代に強い投手は）駄目《だめ》になってしまう」と言っている。**イ**「むしろ」は「どちらかというと」という意味で、前の内容に反するような内容を導く副詞である。

No. 60 論説文②

1 (1) イ (2) 教育における「育」
(3) Aイ Bウ
(4) 例子どもが自分で勝手に育つのなら、教師などは不要で、放っておけばいい。

解説 (1)親に「よい子」であることを望まれたことで、子は「**大変な苦悩《くのう》を……歪《ゆが》まされてしまった**」とあることに注目。
(3)「教える」なら、考えるべきこと、するべきことはたくさんあると予測はつくが、「育てる」となると、これまで「育」の重要性を考えてこなかった人々は、何をするべきかわからずに困ってしまうだろう、というのである。
(4)直前の二文の内容を簡潔にまとめる。

No.61 短歌

1 (1) **ウ** (2) ⓓ
(3) ①**A・E** ②**B・C**(①・②は各順不同) ③**E** (4) 足乳根の (5) **A**

解説 (1)「ず」が**打ち消し**、「や」が**疑問**または**反語**を表すことから考える。
(2)ⓓは**主語**、ほかは**連体修飾《しゅうしょく》語**を表す。
(4)「足乳根《たらちね》の」は、「母」や「親」の前に置く枕詞《まくらことば》。
(5)屋梁《はり》にとまる二羽の「のど赤き玄鳥《つばくらめ》」の生命力と、死んでゆく「母」の命が対照的に詠《よ》まれている。

No.62 古文①

1 (1) **イ** (2) あわれにおかしけれ
(3) 萩(など) (4) **エ**
(5) すこし(萩など・露の落)〜りたる
(6) こそ

解説 (1)「いと」は古語特有の言葉。「をかし」は、現代語の「おかしい」とは意味が違《ちが》うことに注意。
(4)自分(筆者)は「いみじうをかし」と言っていることが、「人」には少しもそうではないだろう……と続いているので、ここでは「人」とは**エ**「ほかの人」。

現代語訳 九月ごろのこと、一晩中降り通した雨が今朝はやんで、朝日がたいそうはっきりと輝《かがや》き出した時に、庭先に植えた草木の上に、露《つゆ》がこぼれるばかりにかかっているのも、非常に趣《おもむき》がある。垣《かき》の飾《かざ》りや軒《のき》の上などでは、張り渡《わた》したくもの巣が破れ残っている所に、雨の滴《しずく》がかかっているのが、白い玉を通して飾っているように見えることも、非常に趣深い。
少し日が高くなってくると、萩《はぎ》など露を付けてたいそう重そうだったのが、その露が落ちると枝が動いて、だれも手を触《ふ》れないのに、ふっと上の方に上がるのも非常に趣深いと(私が)言っていることが、ほかの人の心には少しも趣深くないだろうと思うのも、またおもしろいものだ。

No.63 古文②

1 (1) ⓐそうろう ⓑげろう (2) **ウ** (3) **イ**
(4) あやま〜りよ。 (5) あやまちは

解説 (1)「au」は「ô」と読むことに注意。「-rafu」→「-rau」→「-rô」となる。
(2)「なん」は**実現可能な推量**を表す。

現代語訳 木登りの名人と言われていた男が、人を指示して高い木に登らせて枝の先を切らせていた時に、たいそう危険に見えるころは何も言わずにいて、降りる時に軒《のき》の高さくらいになって、「失敗するな。注意して降りろ。」と言葉をかけましたのを、「このぐらいになったら、飛び降りても降りられるだろう。なぜこのように言うのですか。」と申しましたところ、「そのことでございます。目がくらみ、枝が危ないうちは、登っている者自身が恐《おそ》れていますので申しません。失敗は、容易なところになって必ずいたすものでございます。」と言う。
身分の低い者であるが、聖人の教訓と一致《いっち》している。蹴鞠《けまり》も、難しいところを蹴り上げた後、安心だと思えば必ず落ちると言われているようです。

No.64 漢詩

1 (1) **イ**
(2) ㋐江(川)・碧(緑) ㋑鳥・白
㋒山・青 ㋓花・赤(紅)
(3) **ウ** (4) 何れの日か是れ帰年ならん

(5) **エ**

解説 (1)この漢詩は、「五言絶句《ごごんぜっく》」である。

(2) ㊥「花」は、「**今にも燃え出しそうだ**」ということから考える。

(3)第三・四句(転句・結句)に注目すれば、**ウ**を選べる。時の流れの中で、むなしく、帰郷できずにいる悲しみをうたっているのである。

現代語訳 川は深緑色で鳥はますます白く山は青くて花は今にも燃え出しそうだ。今年の春もあれよあれよという間にまた過ぎてゆく。いつになったら故郷に帰る年は来るのだろうか。

No. 65 総復習テスト(国語)

❶
(1) ⓐこうい ⓑひそ ⓒ駄目 ⓓ掘
(2) 例A君の遊んでいるところ。
(3) 自分の行為・子どもの傍(順不同)
(4) 例関心をもって見ているとつい「手出し」したり「教え」たくなったりするから。
(5) **イ**

❷
(1) ひとりあり～ことにこそ
(2) 猫また・例食われる (3) **イ**
(4) ③**ウ** ④**ア** (5) 飼ひける犬

解説 ❶ (2)この文は、A君が遊ぶのを放っておかず、そばで見守ることが重要だということを述べている。

(5) A の前では、「子どもが何をしようと勝手」という態度、あとでは、「関心をもって見ている」という態度。前後が反対の内容なので、**ア**か**イ**に絞《しぼ》られる。B の前では、「砂を掘《ほ》っている子がいる」、あとでは、その子にいろいろ「言いたくなってくる」とあり、前後が順当な流れでつながっている。従って、正解は**イ**となる。

❷ (1)「**…と思ひける**」とあることに注目。

(5) 最後の一文が、この話のオチになっている。

現代語訳 「山奥《やまおく》に、猫《ねこ》またというものがいて、人を食い殺すということだ。」と人が言ったのに対して、「山でなくても、この辺りにも、猫が年を取って変化《へんげ》し、猫またになって人をさらうことはあるらしい。」と言う者があったのを、何とか阿弥陀仏《あみだぶつ》とかいう、連歌《れんが》をやっていた、行願寺《ぎょうがんじ》の辺りにいた法師が聞いて、「(自分のように)一人歩きする身には、用心しなければならないことだ。」と思っていた矢先、ある所で夜が更《ふ》けるまで連歌して、一人きりで帰った時に、小川のへりで、うわさに聞いた猫またが、案の定、足もとへさっと寄って来て、そのまま取り付くやいなや、頸《くび》の辺りを食おうとする。法師は肝《きも》を潰《つぶ》して防ごうとするが、力もなく、足も立たなくて、小川に転がり落ちて、「助けてくれ、猫まただ、猫まただ。」と叫《さけ》ぶと、近くの家々の人たちがたいまつなどを灯《とも》して走り寄って見ると、この辺りで見知っている僧《そう》である。「これは一体どうしたのか。」と言って川の中から抱《だ》き起こしたところ、ふところに持っていた連歌の賞品の扇《おうぎ》や小箱なども、水につかってしまった。不思議にも助かったという様子で、はうようにして家に入ってしまった。飼っていた犬が、暗いけれど飼い主だとわかって、飛びついたということだ。

No.66 物質の分解／原子と分子

❶ (1) ⓐ 二酸化炭素 ⓑ 炭酸ナトリウム
(2) ① 塩化コバルト紙
② 赤色（桃色）
(3) 例 水にとかしてフェノールフタレイン溶液を加える。
❷ (1) （うすい）水酸化ナトリウム水溶液
(2) 例 電流を流れやすくするため。
(3) A (4) A…水素 B…酸素
❸ (1) ① ア，オ ② イ，エ (2) ウ

解説
❶ (3) 炭酸水素ナトリウムの水溶液《すいようえき》は弱いアルカリ性なので，うすい赤色を示す。炭酸ナトリウムの水溶液は強いアルカリ性なので，濃《こ》い赤色を示す。
❷ (2) 純粋《じゅんすい》な水は，電流《でんりゅう》が流れにくい。
(3) Aに集まる気体は燃えるので水素。発生するのは陰極《いんきょく》。

No.67 物質の表し方／物質の結びつき

❶ (1) 銅…Cu 水素…H 酸素…O
ナトリウム…Na 塩素…Cl
炭素…C 鉄…Fe
(2) 二酸化炭素…CO_2 水…H_2O
塩化ナトリウム…NaCl
❷ (1) 硫化鉄 (2) 純粋な物質
(3) A (4) B
❸ (1) B (2) 酸素 (3) ① A ② A
(4) 酸化鉄

解説
❷ (1) 鉄と硫黄《いおう》が結びついて**硫化鉄《りゅうかてつ》**ができる。
(4) Aでは水素，Bでは硫化水素《りゅうかすいそ》が発生。
❸ (1)(2) 燃やしたあとの物質は，**結びついた酸素**の分だけ質量がふえる。
(3) 燃やしたあとの物質（酸化鉄《さんかてつ》）には，鉄の性質は残っていない。

No.68 酸化と還元／化学変化と熱

❶ (1) 酸素 (2) CuO (3) イ，エ
❷ (1) 銅 (2) 酸素
(3) ① 還元 ② 酸化
❸ A…イ B…イ C…ア

解説
❸ AやBでは，化学変化《かがくへんか》にともない熱を外部に放出し，Cでは，熱を吸収する。

No.69 化学変化と物質の質量／化学反応式

❶ (1) 二酸化炭素 (2) ウ
(3) 質量保存の法則 (4) イ
❷ (1) 例 $m=\ell+n$ (2) 0.2 g
(3) 4.0 g
❸ (1) $2H_2$ (2) FeS
(3) 2MgO (4) 2CuO

解説
❷ (2) 1.0 g−0.8 g=0.2 g
(3) 0.6 g：1.0 g=2.4 g：x x=4.0 g

No.70 生物と細胞／葉・茎・根のつくりとはたらき

❶ (1) A
(2) P…細胞膜 Q…核 R…葉緑体
❷ (1) 気孔 (2) 葉の表からの蒸散量
(3) A→C→B→D
❸ (1) 図1…a 図2…d (2) b，f
(3) イ，エ

解説
❷ (1)(3) 葉の**気孔《きこう》**から，水が水蒸気となって体外に放出される現象を，**蒸散《じょうさん》**という。蒸散は，ふつう葉の表側よりも裏側でさかんである。水の減少量は，BよりもCの方が多い。
❸ (1) 水などは茎《くき》の**道管《どうかん》**を通って運ばれる。
(2) 栄養分は茎の**師管《しかん》**を通って運ばれる。
(3) 単子葉類《たんしようるい》の植物を選ぶ。

ANSWERS

No. 71 光合成と呼吸

❶ (1) ヨウ素液　(2) 青紫色
(3) ① AとB　② AとD
❷ (1) ① 緑色　② 青色　(2) 酸素
❸ (1) 白くにごった。　(2) 二酸化炭素
(3) 呼吸

解説

❶ (3)　①葉緑体《ようりょくたい》があって，日光が当たる部分と日光が当たらない部分で比較《ひかく》する。
②日光が当たり，葉緑体がある部分とふの部分で比較する。

❷ (1)　はく息にふくまれる二酸化炭素が水にとけると，水溶液《すいようえき》は酸性になり，黄色に変化する。光合成《こうごうせい》によって二酸化炭素が使われると，酸性→中性→アルカリ性となるので，黄色→緑色→青色と変化する。

No. 72 消化と吸収／排出

❶ (1) アミラーゼ
(2) ① タンパク質　② 胃
(3) ① B　② 胆のう
❷ (1) 柔毛
(2) A…毛細血管　B…リンパ管
(3) ① ブドウ糖　② アミノ酸　(4) A
❸ ① 肝臓　② 尿素　③ じん臓　④ 尿

解説

❶ aはだ液せん，Aは肝臓《かんぞう》，Bは胆《たん》のう，Cは小腸，Dは胃，Eはすい臓，Fは大腸。

No. 73 呼吸／血液循環

❶ (1) 肺胞　(2) 毛細血管　(3) ア
❷ (1) B，E　(2) A
(3) ① D　② F
(4) A…静脈血　B…動脈血
❸ ① 赤血球　② 白血球　③ 血しょう
④ ヘモグロビン　⑤ 酸素

解説

❷ (1)(2)　肺静脈《はいじょうみゃく》の血液には酸素が最も多くふくまれ，肺動脈《はいどうみゃく》の血液には二酸化炭素が最も多くふくまれる。

(3)　小腸でブドウ糖《とう》などの栄養分を吸収し，じん臓で尿素《にょうそ》などの不要物をこしとる。

No. 74 刺激と反応

❶ (1) ① D　② B
(2) ① C　② A
❷ (1) E，F
(2) C…感覚神経　D…運動神経
(3) ① A→C→E→F→E→D→B
② A→C→E→D→B
(4) ① エ　② エ　(5) 反射
❸ (1) A…関節　B…けん　(2) ア

解説

❶ (2)　Cは水晶体《すいしょうたい》（レンズ），Aは虹彩《こうさい》。

❷ (3)　①は意識して起こす反応で，②は無意識に起こる反応（反射《はんしゃ》）である。

No. 75 回路と電流・電圧・抵抗①

❶ ① B　② C
❷ 電流…350 mA
電圧…1.70 V
❸ (1) B　(2) A…20 Ω　B…40 Ω
❹ (1) 12 V　(2) 3 A　(3) 4.5 V　(4) 1 A

解説

❷ つないだ－端子《マイナスたんし》に応じた目盛りを，最小目盛りの$\frac{1}{10}$の単位まで読む。

❸ (2)　電圧《でんあつ》が4 Vのとき，Aは0.2 A，Bは0.1 Aの電流《でんりゅう》が流れているので，

Aの抵抗《ていこう》は，$\frac{4\ \mathrm{V}}{0.2\ \mathrm{A}}=20\ \Omega$，

Bの抵抗は，$\frac{4\ \mathrm{V}}{0.1\ \mathrm{A}}=40\ \Omega$ となる。

No. 76 回路と電流・電圧・抵抗②

❶ (1) 200 mA　(2) 1.2 V　(3) 12 Ω
(4) 900 mA
❷ (1) 例右図
(2) 15 V
❸ (1) 2 V　(2) 5 Ω
(3) 10 V　(4) 0.2 A　(5) 1.0 A

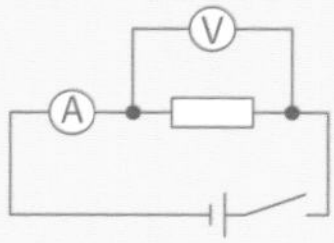

解説

1 (1) $\dfrac{3.6\ \mathrm{V}}{(6+12)\ \Omega}=0.2\ \mathrm{A}=200\ \mathrm{mA}$

(2) $6\ \Omega\times0.2\ \mathrm{A}=1.2\ \mathrm{V}$

(3) $\dfrac{3.6\ \mathrm{V}}{0.3\ \mathrm{A}}=12\ \Omega$

(4) 6 Ωの抵抗《ていこう》を流れる電流《でんりゅう》は，$\dfrac{3.6\ \mathrm{V}}{6\ \Omega}=0.6\ \mathrm{A}$

よって，$300\ \mathrm{mA}+600\ \mathrm{mA}=900\ \mathrm{mA}$

2 (2) $5\ \mathrm{V}:x=0.2\ \mathrm{A}:0.6\ \mathrm{A}$　$x=15\ \mathrm{V}$

3 (2) $\dfrac{2\ \mathrm{V}}{0.4\ \mathrm{A}}=5\ \Omega$

(3) 図1より，Aに2 V，Bに8 Vの電圧《でんあつ》が加わることが読みとれる。$2\ \mathrm{V}+8\ \mathrm{V}=10\ \mathrm{V}$

(4) Bに4 Vの電圧が加わっている。図1から読みとると，0.2 A。

(5) Aにも4 Vの電圧が加わるから，Aに流れる電流は0.8 A。$0.2\ \mathrm{A}+0.8\ \mathrm{A}=1.0\ \mathrm{A}$

No. 77 電気とエネルギー

1 (1) 18 W　(2) 5400 J

2 (1) 3340 W　(2) C

(3) ① 432000 J　② 120 Wh

3 (1) 9.0 W　(2) 51.2 ℃

解説

1 (1) $6\ \mathrm{V}\times3\ \mathrm{A}=18\ \mathrm{W}$

(2) $18\ \mathrm{W}\times(5\times60)\ \mathrm{s}=5400\ \mathrm{J}$

2 (1) $800\ \mathrm{W}+40\ \mathrm{W}+1300\ \mathrm{W}+1200\ \mathrm{W}=3340\ \mathrm{W}$

(3) ①$40\ \mathrm{W}\times(3\times3600)\ \mathrm{s}=432000\ \mathrm{J}$

②$40\ \mathrm{W}\times3\ \mathrm{h}=120\ \mathrm{Wh}$

3 (1) 電熱線に流れる電流は，$\dfrac{6.0\ \mathrm{V}}{4\ \Omega}=1.5\ \mathrm{A}$

なので，消費電力《しょうひでんりょく》は，$6.0\ \mathrm{V}\times1.5\ \mathrm{A}=9.0\ \mathrm{W}$

(2) 電圧を2倍にすると電流も2倍になるので，消費電力は4倍になる。消費電力量すなわち水にあたえられる熱量《ねつりょう》は，電力と電流を流す時間に比例し，水温の上昇《じょうしょう》は熱量に比例するので，

$6.4\ ℃\times2\times2\times\dfrac{10分}{5分}=51.2\ ℃$

になる。

No. 78 静電気と電流／放射線

1 (1) ① A　② B

(2) ① しりぞけ合う力（反発する力）

② 引き合う力

2 (1) 電子　(2) −　(3) ＋極

3 (1) X線　(2) エ

解説

2 (1)(2) 直線状に光るすじは，−《マイナス》の電気をもつ電子《でんし》の流れによって見えている。

No. 79 電流と磁界

1 (1) 磁力線　(2) A　(3) a…イ　b…エ

2 (1) A→B　(2) B　(3) 強くなる。

3 (1) ① ア　② ウ

(2) 電流の向きを逆にする。

4 (1) ア　(2) 交流

解説

3 (2) 電流の向き，磁界《じかい》の向きのどちらかを逆にすると，金属棒は逆の向きに動く。

4 (2) 発光ダイオードは，電流を一方向にだけ流して点灯する。交流《こうりゅう》は，流れる向きが規則的に変わるので，光が途《と》切《ぎ》れて見える。

No. 80 気象観測

1 (1) 天気…くもり　風向…北

風力…2

(2) a…992 hPa　b…1024 hPa

2 (1) A…気温　B…湿度

(2) ① 10 ℃　② 30%

(3) 晴れ

3 (1) 右図

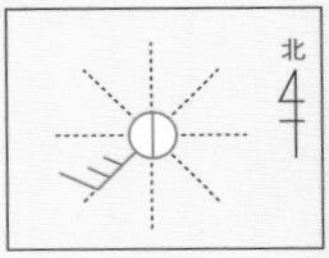

(2) ① 25.0 ℃

② 76%

(3) イ

解説

1 (2) ふつう等圧線《とうあつせん》は4 hPaごとに引いてある。

2 (3) 気温《きおん》や湿度《しつど》の変化が大きく，日中の気温が上昇《じょうしょう》していることから，天気はよかったと考えられる。

❸ (2)　①乾球《かんきゅう》（気温）の示度は，湿球《しっきゅう》の示度より高くなる。
②乾球と湿球の示度の差は3.0 ℃。
(3)　雲量《うんりょう》が 0 ～ 1 は**快晴**，2 ～ 8 は**晴れ**，9 ～ 10は**くもり**である。

No. 81 圧力と大気圧／空気中の水蒸気

❶ (1) **750 Pa**　(2) ① **ウ**　② **イ**
(3) ① **小さく（軽く）**　② **低く（小さく）**
❷ ① **膨張**　② **露点**　③ **気圧（大気圧）**
❸ (1) **C**　(2) **78%**　(3) **9 g**

解説

❶ (1) $\dfrac{3\ \mathrm{N}}{(0.05\times0.08)\ \mathrm{m}^2}=750\ \mathrm{Pa}$
(2)　②C面の面積は，$0.008\ \mathrm{m}^2$と大きくなるので，圧力《あつりょく》は小さくなる。
❸ (1)(2)　Aの湿度《しつど》$=\dfrac{18\ \mathrm{g/m^3}}{30\ \mathrm{g/m^3}}\times100=60$より，60%
Bの湿度$=\dfrac{10\ \mathrm{g/m^3}}{30\ \mathrm{g/m^3}}\times100=33.3\cdots$より，33%
Cの湿度$=\dfrac{18\ \mathrm{g/m^3}}{23\ \mathrm{g/m^3}}\times100=78.2\cdots$より，78%
(3)　空気Aは，現在約 $18\ \mathrm{g/m^3}$の水蒸気をふくむが，気温《きおん》が10 ℃まで下がると約 $9\ \mathrm{g/m^3}$しかふくめなくなるため，空気 $1\ \mathrm{m^3}$あたり $18\ \mathrm{g}-9\ \mathrm{g}=9\ \mathrm{g}$が水滴《すいてき》となる。

No. 82 前線と天気の変化

❶ (1) **A**　(2) **B**　(3) **エ**　(4) **気団**
❷ (1) **イ**　(2) **偏西風**
❸ (1) **イ**　(2) **A…ウ**　**B…ア**
(3) **a**

解説

❶ (1)(2)　密度が大きい冷たい空気（A，寒気《かんき》）が下に，密度が小さいあたたかい空気（B，暖気《だんき》）が上にいき，境界面が変化する。
❸ (1)　低気圧《ていきあつ》の中心付近では，上昇気流《じょうしょうきりゅう》が生じる。
(2)　**イ**は停滞前線《ていたいぜんせん》，**エ**は閉塞《へいそく》前線である。
(3)　寒冷《かんれい》前線付近では，強い上昇気流により積乱雲《せきらんうん》が発達する。また，前線通過後は，**気温が下がる**。

No. 83 日本の気象

❶ (1) **冬**　(2) **シベリア気団**
(3) ① **高**　② **低**　③ **北西**
❷ ① **イ**　② **オ**　③ **ウ**　④ **カ**
⑤ **ケ**
❸ **記号…A**　**名称…シベリア**

解説

❶ (3)　西高東低《せいこうとうてい》の冬型の気圧配置《きあつはいち》である。

No. 84 総復習テスト（理科）

❶ (1) **$2Mg+O_2\rightarrow2MgO$**
(2) **エ**　(3) **0.8 g**　(4) **5.0 g**
❷ (1) **胃液**　(2) **E**
(3) **記号…D**　**名称…すい臓**
(4) **ア，エ**
❸ (1) **右図**

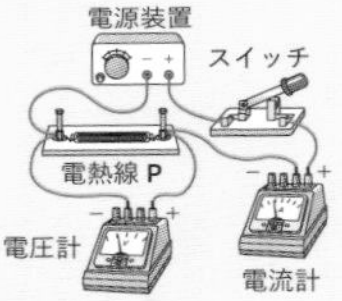

(2) ① **7.5 Ω**
② **0.3 W**
(3) **60 Ω**
❹ (1) ① **天気…晴れ**　**風向…南東**
② **10 ℃**
(2) ① **992 hPa**　② **ウ**　③ **R**

解説

❶ (3)　$1.5\ \mathrm{g}:1.0\ \mathrm{g}=1.2\ \mathrm{g}:x$　$x=0.8\ \mathrm{g}$
(4)　$1.5\ \mathrm{g}:2.5\ \mathrm{g}=3.0\ \mathrm{g}:x$　$x=5.0\ \mathrm{g}$
❷ (2)　図 2 は小腸の壁《かべ》にある**柔毛《じゅうもう》**である。
(4)　デンプンは分解されてブドウ糖《とう》になる。小腸を通った血液は，肝臓《かんぞう》に入る。
❸ (2)　① $\dfrac{3\ \mathrm{V}}{0.4\ \mathrm{A}}=7.5\ \Omega$
②Pに流れる電流は，$\dfrac{1.5\ \mathrm{V}}{7.5\ \Omega}=0.2\ \mathrm{A}$
電力《でんりょく》は，$1.5\ \mathrm{V}\times0.2\ \mathrm{A}=0.3\ \mathrm{W}$
(3)　Qに流れる電流は，$0.45\ \mathrm{A}-0.4\ \mathrm{A}=0.05\ \mathrm{A}$
Qの抵抗《ていこう》は，$\dfrac{3\ \mathrm{V}}{0.05\ \mathrm{A}}=60\ \Omega$
❹ (1)　②$15\ \mathrm{g/m^3}\times\dfrac{60}{100}=9\ \mathrm{g/m^3}$　なので，この空気は10 ℃になったときに水蒸気で飽和《ほうわ》する。

No. 85 身近な地域の調査

❶ **ア・イ・エ（順不同）**

❷ (1) ① **ウ**　② **ア**

(2)

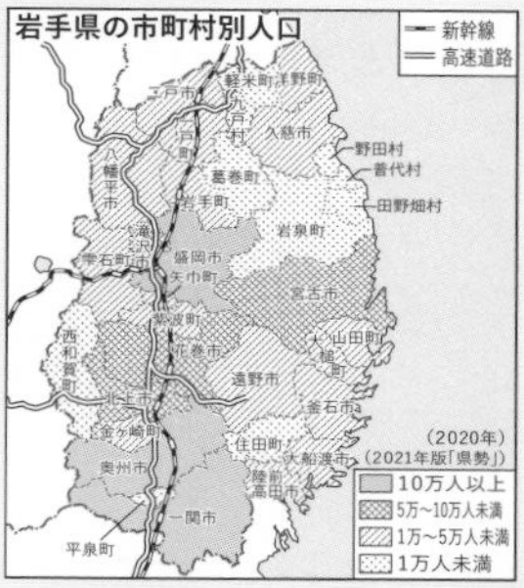

例 新幹線や高速道路沿いの市町村で人口が多い。

解説　❶ **ア**市役所の地図記号は◎。実際の距離《きょり》は，地図上の長さ×縮尺の分母で求める。かなざわ駅から市役所までは地図上で4cmある。５万分の１の地形図なので，地図上で4cmの実際の距離は，4×50000＝200000（cm）で，2 km。**ウ**発電所（☼）ではなく，工場（☼）が正しい。
❷ (2)交通の便がよいと，工業団地や商業施設《しせつ》がつくられ，人やものが多く集まる。

No. 86 日本の地形と気候

❶ (1) **A親潮《おやしお》（千島《ちしま》海流）　B利根川《とねがわ》**
(2) **扇状地《せんじょうち》**　(3) **フォッサマグナ**　(4) **大陸棚《たいりくだな》**
(5) ① **ウ**　② **ア**　(6) **梅雨《つゆ》**
(7) **ハザードマップ（防災マップ）**

解説　❶ (5)**雨温図**①は年間を通じて降水量が少ないことに着目する。北海道《ほっかいどう》の気候と中央高地の気候も雨が少ないが，雨温図①は冬の気温が０度を下回っていないので，瀬戸内《せとうち》の気候と判断できる。**雨温図**②は冬の降水量が多いことに着目する。日本海側の気候に属する地域は，冬に吹《ふ》く北西の**季節風**の影響《えいきょう》で冬に雪が多く降る。そのため，冬の降水量が多い。

No. 87 日本の人口とエネルギー

❶ (1) **例 子どもの割合が低い少子化と，高齢《こうれい》者《しゃ》の割合が高い高齢化がみられること。**
(2) **過密《かみつ》**　(3) **エ**

❷ (1) **Ⅰア　Ⅱイ**
(2) **A火力発電　C原子力発電**
(3) **再生可能エネルギー**

解説　❶ (2)**過密**状態となっている地域では，交通渋滞《じゅうたい》や地価の上昇《じょうしょう》，ごみ処理問題などが起こりやすい。
❷ (1)**グラフⅠ**は西アジアの国が上位に含《ふく》まれていること，**グラフⅡ**はオーストラリアやブラジルが上位に含まれていることに着目する。

No. 88 日本の産業

❶ (1) **W米　Z小麦**　(2) **太平洋ベルト**
(3) **B京浜《けいひん》工業地帯　C瀬戸内《せとうち》工業地域**
(4) **例 原料を輸入して製品をつくり，それを輸出する貿易形態。**
(5) **産業の空洞化《くうどうか》**　(6) **ウ**　(7) **3（三）**

解説　❶ (1)Xには野菜，Yには果実が当てはまる。(3)原料の輸入と工業製品の輸出に便利なことから，沿岸部に工業地帯や工業地域が発達した。(6)**ウ**は第２次産業。

No. 89 九州地方

❶ (1) **A地熱《ちねつ》　Bカルデラ　Cシラス**
(2) **促成栽培《そくせいさいばい》**　(3) **ウ**
(4) ① **ウ**　② **ア**　③ **エ**

解説　❶ (1)Aはくじゅう連山，Bは阿蘇山《あそさん》，Cは桜島《さくらじま》（御岳《おんたけ》）。(3)南九州《きゅうしゅう》の鹿児島・宮崎県が１・２位で，それに北海道が続いていることに着目する。(4)①は熊本県水俣《みなまた》市，②は福岡県北九《きたきゅう》州《しゅう》市，③は沖縄県についての説明。

No. 90 中国・四国地方

❶ (1) 例 湿《しめ》った季節風が中国《ちゅうごく》山地と四国《しこく》山地にさえぎられるから。

(2) ① C　② B　③ A　④ B

(3) ア　(4) 過疎《かそ》化　(5) ウ

解説　❶ (2)①は高知《こうち》平野，②は愛媛《えひめ》県などの瀬戸内海《せとないかい》沿岸，③は鳥取砂丘《とっとりさきゅう》，④は讃岐《さぬき》平野についての説明。(3)•の都市は，倉敷《くらしき》市，新居浜《にいはま》市，周南《しゅうなん》市，宇部《うべ》市。(5)**本州四国連絡橋《れんらくきょう》**に新幹線は通っていない。

No. 91 近畿地方

❶ (1) A琵琶湖《びわこ》　B紀伊《きい》山地

(2) ① イ　② エ　③ ア

(3) ① ○　② ×　③ ○

(4) 例 歴史的な景観や町並みを保全するため。

解説　❶ (2)①奈良市とまちがえないこと。奈良市にも都が置かれたが，西陣織《にしじんおり》や清水焼《きよみずやき》は京都市の伝統的工芸品。(3)②は京葉《けいよう》工業地域の説明。**阪神《はんしん》工業地帯**では，機械工業の割合が最も高い。

No. 92 中部地方

❶ (1) 日本アルプス（日本の屋根）

(2) ぶどう

(3) ① A　② C　③ C　④ B

(4) 地場産業　(5) ① ㋑　② ㋐　③ ㋒

解説　❶ (1)Wは飛驒《ひだ》山脈，Xは木曽《きそ》山脈，Yは赤石《あかいし》山脈。(2)Zは甲府盆地《こうふぼんち》を示している。(3)①は越後《えちご》平野など北陸《ほくりく》地方の平野，②は愛知《あいち》県の渥美《あつみ》半島，③は静岡《しずおか》県の牧ノ原《まきのはら》，④は長野《ながの》県の八ケ岳《やつがたけ》山ろくに広がる野辺山原《のべやまはら》についての説明。(5)①は豊田《とよた》市，②は名古屋《なごや》市，③は浜松《はままつ》市についての説明。

No. 93 関東地方

❶ (1) 関東《かんとう》ローム

(2) ヒートアイランド現象

(3) 例 周辺の県から通勤・通学してくる人が多いから。

(4) ア　(5) 近郊《きんこう》農業　(6) 東京都《とうきょうと》

(7) ① 京葉《けいよう》工業地域　② ウ

解説　❶ (4)Bの地域は群馬《ぐんま》県の嬬恋村《つまごいむら》で，キャベツなどの高原野菜の**抑制栽培《よくせいさいばい》**がさかん。(5)**近郊農業**は生産地から消費地までの距離《きょり》が短いため，輸送費を抑《おさ》えられる利点がある。(6)印刷業は，情報が集まる大都市周辺で発達している。

No. 94 東北地方，北海道地方

❶ (1) やませ　(2) リアス海岸

(3) （さくらんぼ）ウ　（りんご）ア　（もも）エ

(4) 例 沖合《おきあ》いに寒流と暖流がぶつかる潮目《しおめ》（潮境《しおざかい》）があるから。

(5) アイヌの人々（アイヌ民族）

(6) ① ウ　② ア　③ イ

解説　❶ (1)**やませ**が吹《ふ》くと，気温が上がらず，日照時間も少なくなるため，稲《いね》などが不作となる冷害《れいがい》になることがある。(3)さくらんぼは山形盆《やまがたぼん》地《ち》，りんごは青森県の津軽《つがる》平野，ももは福島《ふくしま》盆地で栽培《さいばい》がさかん。(6)①**酪農《らくのう》**は乳牛を飼育して乳製品を生産する畜産業の一つ。②客土《きゃくど》は他の土地から性質の異なる土を運んできて，土地の性質を改良すること。

No. 95 ヨーロッパの世界進出

❶ (1) ルネサンス（文芸復興）

(2) A① ルター　② ○　③ ○

B④ ○　⑤ イエズス会

❷ (1) 例 香辛料《こうしんりょう》などのアジアの産物を直接手に入れるため。

(2) Aウ　Bア　Cイ

(3) インカ帝国《ていこく》　(4) アフリカ（大陸）

解説　❶ (1)**ルネサンス**は，14～16世紀に西ヨーロッパ各地に広まった。(2)カトリック教会への批判が高まり**宗教改革**が起こると，カトリック教

会は**イエズス会**をつくって立て直しを目指した。
❷ (2)コロンブスの航海をきっかけに，アメリカ大陸がヨーロッパの植民地となっていった。

No. 96 織田信長・豊臣秀吉の統一事業

❶ (1) **オ** (2) **(フランシスコ＝) ザビエル**
(3) **南蛮《なんばん》貿易**
(4) ① **C→B→A→D**
② **Aイ Bア Cア Dイ**
(5) ① **a楽市《らくいち》・楽座《らくざ》 b太閤検地《たいこうけんち》(検地)**
② **兵農分離《へいのうぶんり》** ③ **ウ**

解説 ❶ (2)**ザビエル**は鹿児島に上陸し，その後西日本を中心に布教した。(3)**南蛮貿易**は主に長崎や平戸《ひらと》で行われた。(4)**A**は1583年，**B**は1573年，**C**は1560年，**D**は1590年のできごと。(5)①**E**は**織《お》田信長《だのぶなが》**，**F**は**豊臣秀吉《とよとみひでよし》**の事業。②これで近世社会の身分制度の基礎《きそ》が固まった。③**ア**は「唐獅子図《からじしず》屏風《びょうぶ》」などの濃絵《だみえ》を描《えが》いた人物，**イ**は室町《むろまち》時代に世阿弥《ぜあみ》とともに**能《のう》(能楽《のうがく》)**を大成した人物，**エ**はかぶきおどりを始めた人物である。

No. 97 江戸時代前期

❶ (1) **外様《とざま》大名** (2) **参勤交代《さんきんこうたい》**
(3) **島原《しまばら》・天草一揆《あまくさいっき》**
(4) **[例]キリスト教徒を見つけるため。**
(5) **エ** (6) **備中《びっちゅう》ぐわ** (7) **ウ**

解説 ❶ (1)親藩《しんぱん》は徳川《とくがわ》家の一門，譜代《ふだい》大名は古くからの徳川家の家臣。(5)**ア**はイギリスではなくオランダ，**イ**は薩摩藩《さつまはん》ではなく松前《まつまえ》藩，**ウ**琉球《りゅうきゅう》王国ではなく蝦夷地《えぞち》が正しい。(7)**ウ**座ではなく株《かぶ》仲間《なかま》が正しい。

No. 98 江戸時代後期

❶ (1) **A徳川吉宗《とくがわよしむね》 B松平定信《まつだいらさだのぶ》 C水野忠邦《みずのただくに》**
(2) **Aウ Bエ Cア**
(3) ① **百姓一揆《ひゃくしょういっき》** ② **打ちこわし**
③ **大塩平八郎《おおしおへいはちろう》**
❷ ① **浮世絵《うきよえ》, イ** ② **松尾芭蕉《まつおばしょう》**
③ **葛飾北斎《かつしかほくさい》, エ** ④ **ウ**
⑤ **国学《こくがく》** ⑥ **蘭学《らんがく》, ア**

解説 ❶ (2)**イ**は老中《ろうじゅう》**田沼意次《たぬまおきつぐ》**の政策。(3)③大塩平八郎は大商人を襲《おそ》い，貧しい人々に米や金を分けようとして乱を起こした。
❷ **元禄《げんろく》文化**は17世紀末から18世紀初めにかけて上方《かみがた》(京都・大阪)で，**化政《かせい》文化**は19世紀初めの文化《ぶんか》・文政《ぶんせい》のころ江戸で，さかんになった町人文化。

No. 99 欧米諸国の近代化

❶ (1) ① **名誉《めいよ》革命** ② **(アメリカ) 独立宣言**
③ **(フランス) 人権宣言**
(2) **ワシントン** (3) **ア**
❷ (1) **産業革命** (2) **資本主義** (3) **社会主義**

解説 ❶ (1)②**独立宣言**では，「すべての人は平等である」ことなどが示された。③**人権宣言**では，自由や平等，人民主権などが示された。(3)第一身分の聖職者(僧《そう》)・第二身分の貴族が免税《めんぜい》の特権をもち，第三身分の平民はこれらの身分を支えるための重い税に苦しんでいた。
❷ (1)**産業革命**が起こったイギリスは「世界の工場」と呼ばれた。

No. 100 開国と江戸幕府の滅亡

❶ (1) **リンカン (リンカーン)**
(2) ① **アヘン** ② **銀**
(3) **X× Y○ Z×**
(4) **薩長《さっちょう》同盟**
(5) **[例]政権を朝廷《ちょうてい》に返還《へんかん》したこと。**
(6) **ウ** (7) **B**

解説 ❶ (2)イギリスは，清《しん》との貿易の赤字対策として，麻薬《まやく》の**アヘン**を清に密輸した。(3)**X函《はこ》館《だて》・神奈川(横浜《よこはま》)・長崎・新潟・兵庫(神戸《こうべ》)の5港**が正しい。**Y**日本は**領事裁判権(治外法権)**を認め，**関税自主権**がなかった。**Z日米和親条約**の内容。(6)尊王攘夷《そんのうじょうい》運動の中心であった長州藩《ちょうしゅうはん》は，1863年に関門海峡《かんもんかいきょう》を通る外国船を砲撃《ほうげき》する事件を起こした。翌年，4か国の連合艦隊《かんたい》からこの事件に対する報復攻撃《こうげき》を受け，下関砲台《しものせきほうだい》を占領《せんりょう》された。(7)**B→C→A→E→D**の順になる。

No. 101 明治維新

❶ (1) **五箇条《ごかじょう》の御誓文《ごせいもん》** (2) **廃藩置県《はいはんちけん》**

(3) **福沢諭吉《ふくざわゆきち》** (4) **富国強兵《ふこくきょうへい》**

(5) **ウ** (6) **自由民権運動**

(7) **イ** (8) **例 君主権が強かったから。**

解説 ❶ (1)明治《めいじ》新政府は新しい政治の方針として**五箇条の御誓文**を示した。(4)**富国強兵**を実現するため，**学制・徴兵令《ちょうへいれい》**の発布，**地租《ちそ》改正**の三大改革が行われた。(5)**ア**収穫高《しゅうかくだか》から地価に課税の基準が変更された。**イ**土地の所有者が納税者となった。(7)**イ**岩倉《いわくら》使節団は1871年に欧米《おうべい》に派遣《はけん》された。

No. 102 日清戦争と日露戦争

❶ (1) **a下関《しものせき》・ア, エ　dポーツマス・イ, ウ（記号は順不同）**

(2) **ウ** (3) ① **ロシア** ② **遼東《りょうとう》半島**

(4) **例 ロシアの南下政策に対抗《たいこう》するため。**

(5) **与謝野晶子《よさのあきこ》**

(6) **（革命）辛亥《しんがい》革命　（人物）孫文《そんぶん》**

(7) **エ** (8) ① **エ** ② **イ**

解説 ❶ (1)**下関条約**では，日本は多額の賠償《ばいしょう》金《きん》を得たが，**ポーツマス条約**では賠償金を得ることができなかった。そのため，戦争のための増税などに苦しんできた国民の不満が爆発《ばくはつ》し，東京で日比谷《ひびや》焼き打ち事件が起こった。(2)**ア**は1886年，**イ**は1899～1900年，**エ**は1875年のできごと。(7)韓国併合《かんこくへいごう》は1910年のできごと。(8)**ア**は破傷風《はしょうふう》の血清療法《けっせいりょうほう》を発見した人物，**ウ**は「湖畔《こはん》」などの明るい色彩《しきさい》の西洋画を描《えが》いた。

No. 103 総復習テスト（社会）

❶ (1) ① **過疎《かそ》** ② **アイヌ** ③ **水俣《みなまた》**

(2) **Aカ　Bウ　Cア　Dキ　Eエ**

(3) **Aウ　Bオ　Cエ　Dア　Eイ**

❷ (1) **刀狩令《かたながりれい》** (2) **徳川家康《とくがわいえやす》** (3) **参勤《さんきん》交代**

(4) **ペリー** (5) **ア, エ（順不同）**

(6) **大政奉還《たいせいほうかん》** (7) **戊辰《ぼしん》戦争**

(8) ① **陸奥宗光《むつむねみつ》** ② **領事裁判権《りょうじさいばんけん》(治外法権《ちがいほうけん》)**

(9) **下関条約《しものせき》** ⑽ **ア** ⑾ **ポーツマス条約**

⑿ ① **ウ** ② **ア** ③ **エ**

解説 ❶ (1)(2)**A**は中国《ちゅうごく》・四国《しこく》地方，**B**は関東《かんとう》地方，**C**は北海道《ほっかいどう》地方，**D**は九州《きゅうしゅう》地方，**E**は中部《ちゅうぶ》地方についての説明。**A**中国山地と四国山地周辺の農村部では，若者の多くが仕事などを求めて都市部に移動しているため，過疎化が深刻《しんこく》である。**B**東京都心は過密となっており，交通渋滞《じゅうたい》や地価の高騰《こうとう》など，さまざまな都市問題が生じている。**C**近年，アイヌの人々の文化を尊重する動きがみられる。**D**熊本《くまもと》県水俣市では水俣病が発生したが，現在は環境《かんきょう》問題に積極的に取り組んでいる。**E**中部地方は北から，北陸《ほくりく》，中央高地《ちゅうおうこうち》，東海《とうかい》に分かれる。このうち，東海にある愛知《あいち》県豊田《とよた》市には，日本を代表する自動車会社の本社があり，自動車工業が発達している。(3)**オ**は人口が最も多く，工業生産額も多いので関東地方。**イ**は人口が2番目に多く，工業生産額が最も多いので中部地方。中部地方には，工業生産額日本一の愛知県がある。**エ**は面積が最も大きいので北海道地方。**ウ**は人口が北海道地方についで少ないので，中国・四国地方。残った**ア**が九州地方。農業生産額が最も多く，工業生産額が2番目に少ない。

❷ (8)外務大臣**小村寿太郎《こむらじゅたろう》**は，1911年，アメリカ合衆国《がっしゅうこく》との間で**関税自主権**の完全回復に成功した。⑽**日英同盟**のこと。⑿①は1886年，②は1840年，③は1899～1900年。

memo

memo